陈天华传

高占祥　主编

董尚　著

北京时代华文书局

图书在版编目（CIP）数据

陈天华传 / 董尚著 . -- 北京：北京时代华文书局，2015.7（2022.3 重印）

（中国人格读库 / 高占祥主编）

ISBN 978-7-5699-0344-7

Ⅰ．①陈… Ⅱ．①董… Ⅲ．①陈天华（1875～1905）一传记 Ⅳ．① K827=49

中国版本图书馆 CIP 数据核字（2015）第 144002 号

陈 天 华 传
Chen Tianhua Zhuan

主　　编 | 高占祥
著　 者 | 董　尚

出 版 人 | 陈　涛
责任编辑 | 邢　楠
装帧设计 | 程　慧　段文辉
责任印制 | 訾　敬

出版发行 | 北京时代华文书局 http://www.bjsdsj.com.cn
　　　　　北京市东城区安定门外大街 138 号皇城国际大厦 A 座 8 楼
　　　　　邮编：100011　电话：010-64267955　64267677

印　　刷 | 三河市嵩川印刷有限公司　0316-3650395
　　　　　（如发现印装质量问题，请与印刷厂联系调换）

开　　本 | 787mm×1092mm　1/16　印　张 | 10.75　字　数 | 102 千字
版　　次 | 2016 年 1 月第 1 版　　　印　次 | 2022 年 3 月第 3 次印刷
书　　号 | ISBN 978-7-5699-0344-7
定　　价 | 39.80 元

社会主义核心价值观与中国人格

周殿富

社会主义制度在中国已经建立了六十余年，而我们党则在本世纪初叶提出了培育弘扬社会主义核心价值观的重大课题，显然是其来有自。

社会主义的道德风尚在新中国蔚然兴起，曾经那样地风靡于二十世纪中叶。邓小平同志曾经在改革开放中讲过，当年"这种风气不仅是中国历史上从来没有过的，而且受到了世界人民的赞誉"。然而可惜的是，这个在社会主义制度建立与实践中，同步兴起的社会主义道德风尚的成长道路，却是一波四折。半个多世纪以来，它先是与共和国一道遭受了十年"文革"的浩劫；接着便是全党工作重心转移到改革开放进程中，欧风美雨"里出外进"的浸洗濡染；再接着是西方"和平演变"在东欧得手的强烈震荡与冲击；最后又是市场经济中那两只"看不见的手"在搅动着、嬗变着人们的价值取向。至少在国民中出现了价值观上的多层次化，传统美德的弱化，社会道德文明水准的退化，光荣革命传统的淡化，这也许正是中央在本世纪初提出社会主义核心价值观的原因吧。

不管怎么"变"，怎么"化"，当我们回首来时路，却不能不说，中华民族真的很强大，很值得骄傲。人类经历了几千年的文明进程，堪称世界文化之源的"五大文明古国"，其他四大古国文明都已被历史淘汰灭亡，只有中国成了唯一的延续存在。近现代即使那般的积贫积弱，被西方列强豆剖瓜分、弱肉强食，想亡我中华都不可能，就连最强大的美帝国主义，最凶残的日本军国主义都成为我们的手下败将，而且打出了一个新中国，且跨过整整一个历史阶段，直接进入了社会主义。西方敌对势力几十年不遗余力地对新中国百般围剿，"冷战""热战""和平演变"手段用尽，连如此强大的前苏联乃至整个苏东阵营都被瓦解了，而社会主义的旗帜仍旧在960万平方公里的土地上高高飘扬，而且昂首挺胸地屹立在世界的东方，中国真的是太强大了。几十年来的瞩目成就，竟然令西方发出了"中国威胁论"。你管他别有用心也好，言过其实也好，总比让别人说我们是"瓷器"，是"东亚病夫"好吧？1840~1949年的一百零九年间，中国尽受别人的欺负、"威胁"了，我们也能让那些昔日列强有点"威胁感"，又有什么不好？更何况这是他们自己说的啊！我们并没吹嘘，也没有去做。几千年来我们侵略过谁呢？"反战""非攻""兼相爱，交相利"，中国古有墨子，近有周恩来、邓小平同志。这也是中华民族固有传统美德的延续吧！

生于忧患，死于安乐，这也当是中华民族的一个传统美德吧？几十年来尽管中国如此繁荣兴旺，但从邓小平生前一直到党的"十八大"以来，无论哪一届中央领导集体，从来都没有忘记过国之忧患。忧在何处，患在何处呢？

二十世纪八十年代末，邓小平同志曾经在半年的时间内四次提到：中国改革开放十年最大的失误在教育，在"对青年的政治思想教育抓得不够""对人民的教育不够"，足见他的痛心疾首。他晚年时又提到了"国格"与"人格"的问题，讲道："谈到人格，但不要忘记还有一个国格。特别是像我们这样第三世界的发展中国家，没有民族自尊心，不珍惜自己民族的独立，国家是立不起来的。"

（精装版《邓小平文选》第3卷331页。）

人们很少注意到邓小平的这一段话，但邓小平恰恰是在这里把"国格""人格"提升到了事关"立国"的高度。

那么，什么是我们社会主义的"国格"呢？邓小平讲得很明白："民族自尊心""民族的独立"。

新中国一路走来，我们最大的尊严便是完全靠"自力"，靠"艰苦奋斗"，而达"更生"之境。对西方敌对势力的"冷战""热战""和平演变"，我们何曾有过屈服？也正是在这一前提下，我们才有真正的"民族独立"。这就是我们的国格。那么什么是我们中国人的人格呢？邓小平同志在这里没有讲，但他在1978年4月22日召开的全国教育工作会议上的讲话中，在讲到我们的教育培养目标时，至少提到与社会主义人格相关的各个方面：革命的理想，共产主义的品德，勤奋学习，严守纪律，艰苦奋斗，努力上进，爱祖国，爱人民，爱劳动，爱科学，爱护公共财产，助人为乐，英勇对敌，集体主义精神，专心致志地为人民工作，等等。这里的哪一条不属于社会主义人格的范畴呢？

2006年党的十六届三中全会，第一次提出了"建设社会主义核心价值体系"的历史性命题和战略任务。2007

年，胡锦涛同志在"6·25"讲话中又具体提出这个"体系"包括四个方面的内容：①马克思主义的指导思想；②中国特色社会主义共同理想；③以爱国主义为核心的民族精神和以改革创新为核心的时代精神；④社会主义荣辱观。这四个方面，一是信仰，二是理想，三是精神，四是道德文明，哪一个不在社会主义人格的范畴之内呢？党的十七届六中全会又提到了社会主义核心价值体系是"兴国之魂"。

2012年11月，在党的"十八大"上又用"三个倡导"把社会主义核心价值观概括为十二项：①倡导富强、民主、文明、和谐；②倡导自由、平等、公正、法制；③倡导爱国、敬业、诚信、友善。而且中办文件又把这"三个倡导"分为三个层面：第一个"倡导"的四项，是国家层面的价值目标；第二个"倡导"的四项，是社会层面的价值取向；第三个"倡导"的四项，是公民个人层面的价值准则。实际上前两个"倡导"的八项都是属于"国格"范畴，而第三个"倡导"是属于"人格"范畴。

那么，我们怎样才能在前面讲到的那些历史嬗变中培育建构起这个"核心价值观"呢？中共中央政治局的第十三次集体学习，似乎很明确地回答了这个问题。

新华社北京2014年2月25日电讯称：中央政治局在2月24日，以弘扬社会主义核心价值观，弘扬中华传统美德为内容，进行了集体学习，习近平总书记在主持学习时强调：

培育和弘扬社会主义核心价值观必须立足中华优秀传统文化。牢固的核心价值观，都有其固有的根本。抛弃传统、丢掉根本，就等于割断了自己的精神命脉。博大精深的中国优秀传统文化是我们在世界文化激荡中落稳脚跟的根基。中华文化源远流长，积淀着中华民族最深层的精神追求，代表着中华民族独特的精神标识，为中华民族生生不息、发展壮大提供了丰厚滋养。中华传统美德是中华文化精髓，蕴含着丰富的思想道德资源。不忘本来才能开辟未来，善于继承才能更好创新。对历史文化特别是先人传承下来的价值理念和道德规范，要坚持古为今用、推陈出新，有鉴别地加以对待，有扬弃地予以继承，努力用中华民族创造的一切精神财富来以文化人，以文育人。

习近平总书记的这段论述相当精辟，对于如何培育建构社会主义核心价值观问题从四个方面剀切明白。

第一，他明确指出要在中华优秀传统文化的基础上，来构造我们的社会主义核心价值观，而不能割断历史。这一条十分重要，否则我们便会失去我们的本来面目，便会成为无源之水，也就无法走向未来。

第二，指出了中华传统美德是中华文化精髓，蕴含着丰富的思想道德资源。这就为我们揭示了社会主义核心价值观，要以弘扬优秀的中华传统美德为基础。

第三，他指出，对传统文化在扬弃中继承，在继承中创新。这就是说，社会主义核心价值观的内涵，既要有优良传统的文化精神，也要有时代精神，是二者的有机结合。

第四，他指出要用中华民族创造的一切精神财富，来化人育人。这就是说，弘扬中华民族文化，并不只是传承儒学那些道统，而是要弘扬全民族共创的优秀传统文化。同时也就是说，培育、弘扬社会主义核心价值观的根本目的是化民、育人。

尤其值得瞩目的是，习近平总书记在这次讲话中提到了一个"中华民族独特的精神标识"问题，而在同年的全国组织部长会议上又提出我们再也不能以GDP论英雄的思想。让人欣慰的是，思想道德文化建设终于被提升到一个民族的标识地位，这至少表明中国人的思想观念，并不落伍于世界潮流。

并不受人欢迎的亨廷顿生前给他的祖国提出的警示忠告，竟是如何弘扬他们没有多少历史和文化的"传统文化"："盎格鲁新教精神——美国梦"，以此为国家的"文化核心"问题。他讲道："在一个世界各国人民都以文化来界定自己的时代，一个没有文化核心而仅仅以政治信条来界定自己的社会，哪有立足之地？"所以，他提醒他无限忠于的祖国，一定要巩固发扬他们自入居北美以来，在新教精神基础上形成的"美国梦"理念的"文化核心"地位，这样才能消解这个国家的民族与文化双重多元化的危机。为此，他甚至预言美国弄不好会在本世纪中叶发生分裂。而且他公开预言不列颠大英帝国也会因民族与文化多元化的问题，导致在本世纪上半期发生分裂。

西方的一些专家学者们也十分强调国家民族文化的地位问题，柏克说："全世界的人根据文化上的界限来区分自己。"丹尼尔同样说："保守地说，真理的中心在于，对一个社会的成功起决定作用的是文化，而不是政治。开明地说，真理的中心在于，政治可以改变文化，使文化免于沉沦。"这些语言也可能有它们的局限性与某种非唯物性，但至少可以让我们看到那些发达的资本主义国家在想什么，至少与马克思主义经典作家们，关于意识形态并不总是消极被动地接受它的经济基础的论断并不相悖。

中国显然具有世界上最悠久的民族文化，同时显然也拥有世界上最强大的政治优势。新中国包括它直接进入社会主义的经济形态，以及其后的一次次经济变革，哪一次不是靠政治力量在强力推动呢？它当然同样拥有让我们几千年的民族文化"免于沉沦"的能力。有学人认为我们的民族文化早就被以往一次次的历史性灾难割裂了，这个看法显然都是毫无道理的。但我们当下却确实面临着"两个传统"失传失统的危险。中国的传统文化与优秀的民族美德，在当代国民中还有多少传承？老一代中国共产党人用生命与鲜血铸就的光荣革命传统，在党内还有多少"光大"？我们现在全民族的"核心文化"到底在何处？"社会主义核心价值观"的提出不仅符合世界潮流，也是使我们优秀的民族文化得以传承而不发生历史断裂的根本保证。富和强永远都不是一个民族的标志，哪个国家不可以富，不可以强？但能代表中国"这一个"本来面目，具有自己民族特色的，唯有中华民族的文化，能代表中国人形象的只有中国独具的道德人格。什么是人格？人格就是原始戏剧中不同角色的本来面目。

综上所述，我们是不是可以这样认为，社会主义核心价值观应内含如下的成分：中华民族传统文化中的优秀传统美德；中国人民近现代反帝反侵略反封建的爱国主义、斗争精神与中国共产党领导下形成的几十年光荣革命传统；中国化了的马克思主义有中国特色社会主义的共同理想；与"中国梦"远大目标相适应的时代精神。由这些内涵构成的社会主义核心价值观，用它来干什么呢？用习近平总书记的话来说就是"化人""育人"，把它再具体化一下，无非是打造能体现中华民族特色，代表中国形象的国格、人格。在思想道德层面上，一个国家的民族精神也只有在人的身上才能体现，所以我们依据社会主义核心价值观的基本要求，针对当代青少年的实际情况，策划了《中国人格读库》这样一套大型系列选题。

本套书承蒙全国少工委、中华文化促进会、团中央中国青年网三家共同主办推广，并积极提供书稿。难得高占祥老前辈热情出任该套书的编委主任，且高占祥同志不辞屈就加盟主创作者队伍。一些大学、中学教师与青年作者也积极加盟此套书的编写。该选题被国家新闻广电出版总局列为2014年全国社会主义核心价值观重点选题，在此一并鸣谢。

希望本套书的出版能为社会主义核心价值观的培育与弘扬，为促进青少年的道德人格养成起到积极的作用。欢迎广大读者与作家对不足之处批评教正，多提宝贵建议与指导意见。

谨以此代出版前言并序。

二〇一四年十月

于北京时代华文书局

引言

大江歌罢掉头东，

邃密群科济世穷。

面壁十年图破壁，

难酬蹈海亦英雄。

——周恩来《无题》

当一个时代笼罩在黑暗之下，民不聊生、天昏地暗，你该怎么做？当国家面临内忧外患，不仅有外敌步步紧逼，还有内鬼从中作祟，你该如何是好？当一个人为了祖国抛头颅洒热血却得不到回报，呕心沥血只换得白眼无数，你又该怎样应对？

孙中山选择了革命，他举起了"三民主义"的大旗，号召四万万人民站起来反抗列强压迫，共同创建一个新中国，团结同胞，救国救民，是为真仁者；

陈天华

　　鲁迅选择了弃医从文，放下手术刀拿起了醒世笔，用一篇又一篇文字揭发黑暗，控诉暴政，一针见血，鞭辟入里，是为真智者；

　　黄兴选择了暴力革命，双手持枪，多次起义，纵使黄花岗一役喋血负伤也绝不后退。在他心中，清政府和自己的生命永远只能存在一个，是为真勇者。

　　而陈天华，选择了蹈海自杀，用自己的生命和鲜血唤醒国人。

　　后世有人评价陈天华是自屈原之后两千多年的第一个继承

者，他勇敢地用自己的牺牲换取了大批国人的觉醒。就在他逝世十二年后，一位即将赴日留学的青年念念不忘此事，用一首诗表达无尽怀念之情：大江歌罢掉头东，邃密群科济世穷。面壁十年图破壁，难酬蹈海亦英雄。这个人，就是周恩来。当陈天华的灵柩回到长沙家乡时，哀歌十里，全城缟素，万种哀悼，可谓极尽哀荣，后来毛泽东在《湘江评论》第4号上评价："这是湖南惊天动地可纪的一桩事。"

他才华横溢，去世时也不过三十岁，却写下了《猛回头》《警世钟》等作品，震醒了大批懵懵懂懂、迷迷糊糊的国人同胞；他意气刚烈，在俄国代理公使声称要"断然取东三省归入俄国版图"之时，他写下几十封血书邮寄到各大学校，号召大家奋起抗争；他文风锐利，在保皇派的康有为、梁启超大肆攻击革命之际，他奋笔疾书，写下皇皇文章痛击康、梁，为革命保驾护航。

虽然他早早地逝去了，但革命还在继续，中国人的奋斗还在继续，华夏民族生生不息而奋斗不止的灵魂还在继续。

这精魂，自炎帝黄帝而秦汉隋唐，自两宋明清而中华民国，及至今日，在十几亿人民身上流转不休，永不止息。这种精魂注定了永存于中国人心中，与天地共耀，与日月同辉！

正如陈天华的代表作《猛回头》中所写："或排外，或革命，舍死做去；父而子，子而孙，永远不忘；这目的，总有时，自然达到。"只要我们还一息尚存，还心系家国，中国永远不会失败，民族永远不会灭亡，而国家富强民族崛起的梦想，"这目的，总有时，自然达到"。

目录

第一章　草庐俊杰

世界大势

20 世纪的中国，注定了是一个痛苦的国度。

她不再是春秋战国时的百家争鸣，有信奉儒学的传道者，周游列国，践行仁义，手中所持的不过是几卷经书，心中容纳的，却是宇宙天地；有追求逍遥的世外高人，昏昏欲睡，栩栩化蝶，超脱世外，无欲无求，放弃的是世俗枷锁，获得的却是日月洪荒；有尊崇法制的学者，奖励耕战，依法治国，励精图治，宵衣旰食，不计个人荣辱得失，造就了一个又一个庞大而辉煌的帝国和难以超越的伟大工程。

那是思想的味道，那是文化的味道，那是信念的味道。

那曾经是一个民族思想的大爆发，文化的大繁荣，信念的大综合。百家争鸣时期的中国向西可与同时代的希腊人比拟称雄，向南可以和佛教同台论道，言辞珠玑，微言大义。

可惜，那是褪色了的黄金年代。

她不再是熠熠煌煌的强汉盛唐，有慷慨远征的将军，仗剑北行，胡笳悲歌，大漠狂沙，长刀冷月，寒沙似雪，带着几十万骑兵驰骋疆场，好男儿自当马上建功；有坚持正义的学者，清流议论，追求道学，潜心经传，埋首春秋，任那党锢阉竖如何作恶，我只是抱定我的信念，从不毁弃，从不动摇；有那纵横天下的谋士，运筹帷幄，决胜千里，杯碟之间，纵横捭阖，三寸之舌一落，便是百万雄师。

那是强盛的味道，那是辉煌的味道，那是血性的味道。

那是炎黄子孙的大挥洒，是千年积淀的大爆发，那是万古长存的精魂的总动员。向北曾经横扫匈奴，开疆拓土，犯我强汉之威者，虽远必诛；向西曾经凿空西域，丝绸之路上笛声悠悠，来来往往的便是无尽商旅货物夹带着的不尽乡愁。

可惜，那是史书里的辉煌岁月。

她不再是文辞流丽的宋元大明，有风流倜傥的才子，勾栏院里，花前月下，柳边桥头，锦绣钗头，狼毫一挥，便是一阕闲词，秀口一吐，便是文章皇皇；有宁死不屈的大臣，零丁洋里，惶恐滩头，辘辘远行，不尽惆怅，看着那侵略者的雪亮屠刀，只是一笑，此身虽殒，此意辉煌；有那愤世嫉俗的学者，赤子童心，指天画地，常人不容，我自潇洒，此生写下焚书万卷，便有后世千载毁誉褒贬。

那是灵魂的味道，那是坚定的味道，那是叛逆的味道。

那是一个民族在迷茫与探索中的收获，那是一个民族在走向末路后的反弹，那是一个巨人在时代的交叉路口前的迷思，这个古老国度的人们用着两千年前圣贤的思考，去求索这个变化的时代不会转移的真理。

可惜，那是曾经的红尘过往。

近代中国是怎样的呢，一言以蔽之，积贫积弱，受尽屈辱。

按照有关学者的统计，明朝的 GDP（国内生产总值）约占世界的三分之一，清朝直到洋务运动之际仍然是世界第一，然而，自从 1840 年以来，这个国家一直面临着亡国灭种的危险。

欧洲在工业革命之后，随着生产力的不断提升，日渐富强便开始窥伺着周围的世界。他们来到了古老的中国，发现原来世界上最发达的文明已经堕落到这种程度，于是他们用坚船利炮敲开了近代中国的大门，贩卖鸦片，抢劫财宝——这，就是近代中国的境遇。

根据 1842 年中英签订的《南京条约》，中方开放了通商口岸，向英方割让了香港岛，并赔了两千多万银元；根据《北京条约》，中方又赔了一千六百万白银，开放了天津卫，让出了九龙半岛；《马关条约》约定，中方赔偿白银二亿两给日本，割让了无数

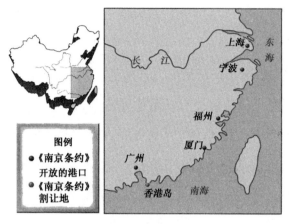

《南京条约》割让地及五口通商图

岛屿土地，被一个蕞尔小国任意欺凌。

中国在一次又一次的打击和挫折中逐渐退去了原来的神秘面纱，再也不是强盛而文明的国家，只是一个跟不上世界大潮，不能保卫自己国民的弱国。

与此同时，生长在这片土地上的人们遭受了太多的苦难——多少人，被赶出了原来的家园，只因为外国要设立租界，要占用房屋；多少人，失去了辛苦积攒的财富，精心耕耘的家园，只因为外来侵略军要大发其财，要获得报酬；又有多少人，被残酷屠杀，被驱使着做牛做马，只是因为你是"四等公民"，不配和外国人享受同样的权利。

从原来的"天朝上国"到"东亚病夫"，从原来的睥睨世界到畏首畏尾，从原来的文明古国到野蛮之地，中国人需要适应的变化太多太多，而世界留给他们的时间又太少太少——少到日新月异的科技会很快把他们抛在后面，倘若不努力发展。

这时的清朝，外有各国利益均沾，瓜分中国，天天想着怎么从这个沉睡的雄狮身上榨取利益；内有无数买办汉奸卖国求荣，只求能从"洋大人"那里换得青睐，丝毫不管自己的同胞生活在怎样的水深火热之中。

该觉醒了，中国人；该奋起了，中国人；该拼命了，中国人！

时代发出怒吼，人民发出怒吼，岁月也发出怒吼。有时候，这怒吼借助孙中山的口来吼，吼出来的是"三民主义"，是暴力革命；有时候，这怒吼借助鲁迅的口来吼，吼出来的是针砭时弊，是无尽箴言；有时候，这怒吼借助陈天华的口来吼，吼出来的便是警世明钟，是狮子巨吼！

年少时节

从来英杰多磨难，古来纨绔少伟男。这句话虽然不能绝对而论，却也颇有意义——但凡是超世英杰，大都要经过艰难险阻和无数磨难，想要不费苦功、不经痛苦而成大名、立大功，根本不可能。陈天华，就是一个自幼经历了无数困苦而终于长成的文中豪杰。

湖南新化，群山环抱，绿水萦回，钟灵毓秀，洞天福地。公元 1875 年，陈天华就诞生在新化，一位杰出的资产阶级民主革命宣传家，爱国心切的中华子孙，以身殉道的当代屈原。

陈天华原名陈显宿，字星台，又字过庭。陈天华的父亲名叫陈善，是一个屡试不第的老童生[1]，在科场蹉跎了几十年岁月，却也没考上功名。封建时代的科举对于文人意义有多大？考上了举人，就有机会做官，考取了进士就一定可以做官，排名高的可以进翰林院，排名低的也能担任品级较低的官职，而且只要有空缺就可以上任，不需要排队，古时称为"老虎班"。但是倘若考不上功名，不说举人，连个秀才都考不上，多数人就只能在乡下待一辈子，天天过着"床头屋漏无干处，雨脚如麻未断绝"的日子。

陈天华的父亲陈善不仅科场不得意，生活也不得意，只能在乡间教授儿童为生。他生活困顿，妻子罗氏生了三个儿子：老大身体有残疾，不能承祧（古时规定身有残疾是没有祭祀祖先的权利）；老二幼年就夭折了；唯有老三陈天华茁壮成长。

虽然自己在科场一辈子不可能有什么收获，但是陈善希望自己的孩子能有一些成就，因此在陈天华五岁的时候他就开始教儿子识字读书。陈天华聪明颖悟，博闻强识，进步飞快，仅仅九岁就能熟读《左传》，且能对其中的典故礼制娓娓道来。《左传》，全称《春秋左氏传》，传为春秋末年鲁国史官左丘明根据鲁国国史《春秋》编成，虽然条理分明，行文流畅，但是其中文字颇为艰深晦涩，不易理解。年仅 9 岁的小孩能够将故事

---

[1] 童生：根据明清的科举制度，凡是习举业的读书人，不管年龄大小，未考取生员（秀才）资格之前，都称为童生。

娓娓道来，也算是天赋非凡。

虽然家庭贫困、生活艰难，但是由于父慈母爱，陈天华的生活过得还不错，至少能够享受到家庭的温暖。然而，上天似乎不愿意放过这个家庭，幼小的陈天华除了承受贫困之外还要忍受亲人离别的痛苦——就在他10岁那年，母亲因为贫病交加过早去世。虽然父亲忍受着亡妻之痛抚养陈天华，但是他并不善于操持家务，失去了家庭主妇的家庭，生活就更加困难了。

虽然身为塾师之子，理应享受更好的教育条件，但是家中实在太过贫困，是以在该入学的年纪陈天华却不得不帮人放牛卖货来维持生计。

他是多么想迈进学堂的大门啊！那里面有琅琅书声，有夫子大义，有不易宏论，有数不尽的智慧，而自己却只能帮人放牛卖货来维持家用。

无法上学的陈天华却不愿意放弃自己受教育的权利，他采取了成本最低的手段来获得教育——读书。明清两代小说发达，而且很多小说用字不生僻，内容引人入胜且文笔巧妙夺人，是很好的入门读物。他利用放牛时坐在山坡上发呆的时间，读了《二度梅》《粉妆楼》《红楼梦》《水浒传》《三国演义》等被正统文人视作"闲书"的小说。后来陈天华的文章能够如此打动人心，如此引人入胜，如此揣情度意，也许正是阅读那些小说所打下的基础。

陈天华是一个很感性的人，换句话说，他是感情非常丰富的人，根据他的自述，他有一种替古人担忧的"痴情"。仿佛自己也同书中古人同呼吸，共患难，一起经历种种悲喜离合。不仅如此，他在小时候就表现出了惊人的艺术创作天赋——每次在细细阅读之后，他还会模仿书中的作品形式，创作一些通俗小说、山歌俚曲借以抒发胸中意气，这些习作文字明白晓畅，感情深沉奔放，受到不少乡邻的注意，甚至有人称呼他为"神童"。

等到 15 岁那年，陈天华终于进了学堂——这对于一个学生来说已经很晚了。他当时在私塾里读的不外乎是些"四书""五经"之类，或者《史记》《汉书》，读得杂一点还会涉及一些舆地历史、天文算数。然而，就在他还沉浸于学堂的这些知识的时候，西洋人已经发展出了光辉璀璨的文明——他们发现了诸多物理原理，制造出了洋枪洋炮和能够在水上航行的大铁船；他们学会了数学，弄懂了不规则图形的面积以及微分算法；他们积极从事化学研究，生产出了烈性炸药和各种产品——这些是闭关锁国的中国人闻所未闻，见所未见的。

虽然已经有开眼看世界的林则徐、魏源等人作出了《四洲志》《海国图志》等作品，但是又有几个人会去看呢？长眠了三四十年的伟人们为后人留下了看清世界的宝书，后人却不曾投过去哪怕一缕目光。中国的文人们还是相信孔夫子和老祖宗的话，还是要抱着几千年的文明传统不放手，根本没有一丝看世界的兴趣——天朝地大物博，无所不有，不稀罕洋人那些东西。虽然还有活跃在政治思想舞台上的王涛等人批判八股文，提倡经世致用的学问，还有那洋务派宣扬实学，但是绝大多数士子们还是以科举为唯一指挥棒，不愿意去听从这些"异端邪说"。改革传统、推陈出新的清新之风似乎吹不进湖南乡间的重山叠嶂，未能和少年时代的陈天华产生共鸣。

当时的中国国门已经被列强的枪炮打开几十年，按理说西学的风潮应该已经刮遍全国，让全国人民知道世界上还有一个欧罗巴（欧洲），一个亚细亚（亚洲），还有法兰西和英吉利。然而，或许是中国几千年的封建统治太过坚固，又或许是中国的文化传统难以摧毁，这股风潮直到19世纪都未能改变这个古老的国度。

贫困的生活让陈天华产生了向往富贵、追求名利的野心，而一个中国的年轻人最便捷的途径便是通过科举考试一举成名，所谓"寒窗十年无人问，一举成名天下知"。这个天生叛逆的年轻人也不得不作起八股文，读起圣贤书，夜夜做着头戴顶戴花翎、身穿玉带蟒袍的迷梦，希望可以成为大清帝国的又一名官员。按照陈天华自己的话说，就是"幼年也曾习得一点奴隶学问，想望做一个奴隶官儿"。

年岁渐长

陈天华出生之际，中国已经完全沦为列强肆虐搜刮之地，几乎没有半点国际话语权：他出生那年，云南人民在中缅边境起事，打死了以传教为名从事侵略活动的英国传教士马嘉里（其实不经审判打死传教士是一种不顾国际道义的行为，陈天华也很反对这种行为），英国政府趁机对清政府进行武力威吓，强迫清政府签订了卖国的《烟台条约》；1879年，日本侵略者不顾琉球人民的反对，正式吞并琉球，改名冲绳县，自此，琉球成为日本侵略中国的前沿阵地；1871年，沙俄侵略军强占伊犁，虽然经过左宗棠的努力收复了失地，但是仍于1881年签订了《伊犁条约》，继之前割让了中国黑龙江以北、乌苏里江以东100多万平方公里领土和新疆以西40万平方公里领土后又割占了7万平方公里领土；1885年爆发的中法战争，虽然有冯子材等爱国将领浴血奋战，打败法国侵略军，逼迫法国茹费理内阁倒台，晚清政府却仍旧签订了屈辱的《中法新约》，落得个中国"不败而败"，法国"不胜而胜"的结局。

可以说，列强从一开始对中国仍存畏惧，到之后的小心试探，再到任意驰骋，到了陈天华的年代，列强已经不把中国放在眼里，完全把中国人当作了"四等公民"。

湖南虽然不是外国势力侵略的重灾区，不像东南沿海或者上海那样受到直接侵略，租界密布，却也受到了外国势力的开路先锋——传教士的侵扰。传教士在中国地位超然，不仅可以购买田产、勾结官府，而且不受中国本地法律制约——中国与世界各国签约，世界别国公民在中国犯法，要在本国受审判！所以，这些传教士们在中国横行无忌，肆无忌惮，包庇歹徒，欺压乡里，四处搜集中国的经济、政治、军事情报，坏事做尽，罪行累累。正是在这种情况下，湖南人民反抗洋教的斗争十分激烈。

其实早在太平天国运动时期，湖南就是两派势力激烈争夺的地区。太平天国起义之后，一路由广西至湖南，攻打长沙三个月不下之后转战东南，后来夺取南京定都。在太平天国运动遭到镇压之后，在战争中成长起来的湘军势力大为膨胀，一些有功军官依仗自己的势力网和政治特权，强买强卖，疯狂兼并，搞得湖南民不聊生。

虽然晚清"一代名臣"曾国藩死后家产不过一万多两银子，自己的孩子病了都没钱治病，但是他的胞弟、湘军将领曾国荃却占有了超过六千亩土地，这在人多地少现象特别突出的湖南地区可以说是首屈一指。

不仅人多地少、兼并严重，湖南地区的地租也是相对高昂，据统计光绪年间（1875～1908年），湖南的地租"押金"已经达到了每石六点五串（意味着一个辛勤劳作的农民需要将一半以上的收成用来交租，余下不足一半用于家庭生活）。

在外国势力、封建地主以及苛捐杂税的重重压迫之下，湖南省农民群众小规模的反压迫斗争此起彼伏。

这些，都是刚走出小山村的陈天华闻所未闻、见所未见的。

1896年，因生计所迫，陈天华年近七旬的父亲不得不到新化县城谋生，在资江书院借住。借着这个机会，已经22岁的陈天华也走出了小山村，来到了比山村繁华一些的县城。虽然来到了县城，可是家境贫寒的他还是没能进入学校，只能每天提篮叫卖，沿街跑动，希望能赚得几文钱补贴家用。

虽然生活仍然困苦，但是毕竟视野得到了开阔，陈天华逐渐了解了自己所处的这个国家正面临怎样的危险和困境，也知道了统治自己的这个"朝廷"究竟在打什么主意，更体会到了农民们在重重压迫下的困顿生活。

那时候正好是甲午战争之后，全国人民都为中国败给"蕞尔小国"日本愤恨不已。在了解了日本和中国的关系史之后，陈天华也对日本的行为愤愤不平，然而，他同时也在思考另一个问题——为什么区区小国日本在变法图强三十年后就可以打败大清帝国，而一直在洋务图强的中国却屡屡失败？是因为中国人比外国人笨，还是中国人有什么东西没有学到呢？抑或是中国人的国民性里有什么阻碍了变法图强的因素？

这种思考一直贯穿了陈天华短短三十一年的人生，成为他求索真知、谋求真理的原动力，也是他日后留学日本的主要原因。

社会底层人民虽然知识较少，教育层次不高，但是"春江水暖鸭先知"，他们对于时局的变革和国家的情势却颇为敏感。长期生活在社会底层的陈天华慢慢体会到了时局艰危的感觉，更了解了不变法不图强的结局。是以，他不再留心于科举考试的八股文、试帖诗，而是开始认真思考历史上治乱兴亡的原因，朝代更替的根源。这在当时不可谓不惊世骇俗，毕竟在那个时代"学成文武艺，货与帝王家"才是文人正道，一个文人不学习科举考试的技巧不要说如何报国，就连养家糊口都很难做到。

陈天华的这种"离经叛道"的行为自然也遭到了亲戚朋友的一致反对，而他却不管不顾，专心学习，渐渐有了自己的思索。慢慢地，时间久了，他对历史上的兴衰蜕变、朝代之间的更替有了自己的领悟，于是慨然生出了"澄清天下之志"。同时，出生在人才辈出的湖南省，他又因为有"平定发①、捻②之乱"的曾国藩、左宗棠而颇感自豪，希望能够跟随这些"先贤"的步伐，"获无穷之名誉"。

少年高才又是踌躇满志，偏偏却无用武之地，是以陈天华有一腔热血而无处释放，只能"百无聊赖以诗鸣"。一次，他经过一个邮亭（驿站），兴致勃发，提笔于墙，慨然写下"莫道草庐无俊杰，须知山泽起英雄"。

路过的行人见到有少年题诗，纷纷赶过来围观，等到见到一位少年公然以"俊杰""英雄"自诩时，不由得为之惊讶。

当然，其实很多名人俊杰在年少无名之时都以英豪自居，比如诸葛亮躬耕于陇亩之上时，就曾"以管乐自比"；同时代名人左宗棠就经常以"诸葛亮"自居，天天哀叹君王不用。是以，这种行为对于颇有才具的年轻人来说本是寻常事。然而，一个

---

① 指太平天国，他们留长发，是以称为长毛。
② 指横行北方的捻军。

以豪杰自居的年轻人能否实现胸中大志，还要看他能不能遇到赏识自己的人。

"世有伯乐，然后有千里马，千里马常有，而伯乐不常有"，这是事实。陈天华运气够好，以"俊杰""英雄"自居的他成功地遇上了自己的"伯乐"。

因为父亲在资江书院教书，陈天华平常有空时就会去讲堂旁听，也算是给自己充电。有时候他也会把自己的作业夹在学生们的试卷里面，希望获得一个分数，这多少也算是浑水摸鱼，占用教学资源。

有一次，资江书院的院长邹苏柏批阅试卷，那一次的题目是论述古今兴亡治乱变化，题目颇难，格局不小，是以很多学生答得不怎么样，让这位院长连连摇头。突然，院长紧皱的眉头舒展开了，因为他发现有一篇好作文。这篇文章书法不怎么样，文中错字也不少，但是材料丰富、议论独到，颇有气势，让他不由得为之激赏。等到批阅完试卷，他大呼惊奇，连忙查找，却发现作者是正在沿街叫卖的小贩陈天华。

如果是一个传统而保守的院长，可能会因为陈天华的社会地位不予关心；换了一个心胸狭窄的，可能还会因为陈天华比自己学生写得好而心生嫉妒；但是好在这位邹院长不是这样，他不仅对陈天华的才华大加赞扬，而且慷慨地允许陈天华阅读书院的所有藏书。

陈天华不喜欢读死书，对于科举需要的知识技能不屑一顾，只是了解而已，但是他对于历史特别感兴趣。书院所藏的二十四史，是他渴望已久的书籍，在得到了院长的允许后，他只要一有空就往藏书阁跑，每天埋头苦读，不眠不休。

前面说过，陈天华是一个特别感性的人，而一个特别感性的人就会做出特别感性的事——陈天华每每读到奸佞祸乱朝政或者异族入侵中华，就会愤愤不平乃至于拍案而起，一连好几天都闷闷不乐。

虽说很多历史事实都已经无从查证，不知谁是为真是，谁非为真非。然而，陈天华就是有这么一种"愣劲"，非得和历史上的人物弄个清楚明白，不然就会吃不下饭，睡不着觉。

这种性格也深深影响了他的人生，不仅赋予他一种"以天下兴亡为己任"的责任感和使命感，更让他个性里偏激而热烈的一面得到强化，这在他日后的作品中都会有所体现。

邹院长好事做到底，不仅允许陈天华看书，更帮助陈天华解决了衣食问题。他专门去到了县里的富豪乡绅陈御丞家里，对着这位土财主说："你们族里出了个奇人，你应该周济周济他，好帮助他完成学业。"

陈御丞听后，非常爽快地答应了，并立刻写下一个折子，规定每个月供给陈天华三斗米、一串钱，帮助他完成学业。

由此可见，千里马有了，更需要伯乐的栽培支持，而邹院长和乡绅的无私帮助对于陈天华的成长无疑起到了极大的作用。

崭露头角

就在陈天华埋头苦读藏书阁，一心只念二十四史的时候，变革的大潮已经浩浩荡荡地席卷了中国大地。

1895 年，《马关条约》签订的消息传到了北京，在京城参加科举考试的举人们愤慨至极，在康有为、梁启超的带领下，这些不再参加考试的举人们给光绪帝上了一份奏疏，要求拒和、迁都、变法。因为在古代，政府用马车接送被征举的读书人，这次上书就被称为"公车上书"。

《公车上书记》封面及序

"公车上书"失败后，康有为、梁启超联合部分思想比较开明的官员，在北京组织强学会，定期集会演讲，议论时政，宣传维新变法。

1897 年冬，德国出兵强占胶州湾，这就引发了列强瓜分中国的狂潮，各国纷纷要求"利益均沾"瓜分中国。在民族危机的激发下，维新变法运动发展迅速。国难当头，局势维艰，康有为上书光绪帝，指出形势危急，变法迫在眉睫。在康有为这种半是威胁半是实情的劝说下，光绪皇帝大受触动，表示要把变法进行到底。

接着，湖南各地也掀起了变法的热潮，湖南志士谭嗣同提出废科举、开议院、办工厂、开矿场、修铁路、造轮船、禁鸦片等主张，这给陈天华打开了一个全新的世界。陈天华一直接受的是中国传统教育，即使学习了一些比较开明的思想或者学说也都是基于中国传统文化，根本不曾接触过西洋文明。虽然陈天华也试图从这些学说中找出扭转乾坤、变革国事的办法，但是一直未能成功。谭嗣同提出的这些策略为他开启了一扇全新的大门。

陈天华非常信服谭嗣同，称他为"大豪杰"，认定了学习西方、变法维新才是中国由弱变强的"新机"，成了资产阶级革命的忠实拥护者。不久，新化县的开明士绅仿照湖南巡抚陈宝箴建立的时务学堂，建起了提倡新学的"新化实学堂"。出于对于西方文明的向往、挽救国家的使命感，陈天华毅然决然地放弃了在资江书院的学业，投考了这座新式学堂。

以陈天华的才学，自然是无考不中，几个月后，他就坐在了这座新式学堂的教室里接受教育了。新学堂的第一次作文题目为《述志》，让学生谈谈自己的志向。陈天华奋笔疾书，笔走龙蛇，一气呵成，第一个交卷。

这个年轻人捧着试卷，铿锵有力地将自己的话语、内心的情怀全部迸发出来，落到地上，入地三尺，落到纸面上，成为皇皇文字，就有了我们看到的这篇《述志》。其中一段，翻译成白话文就是：大丈夫应该在荒漠绝域这种险境立功，疆场争胜，好像班超、岳飞一样，我虽然只听过他们的话语，没有见过他们的本人，却也是心驰神往，心向往之！运筹于帷幄之中，庙算于朝堂之上，制定变法的权衡利弊，操作时政的损益更替，我自问还有所心得。假如不幸到死还是一个布衣，如果能有所著述，藏之名山，传于后世，也不枉人世一遭。跟随世俗的潮流，违背我纯真的本性，和皓首穷经的老学究比短量长，就是我死也不愿意做的事情。

陈天华的这篇《述志》可谓是意气风发，文采飞扬，即使我们今天看来，也是感慨不已，为之嗟叹。

那个时代，不仅学生意气昂扬，就是老师也大多器宇不凡。在这座新式学堂，陈天华就遇到了能够理解他的名师。

老师罗仪在读了他的作文之后，高声叫绝，在卷子上加了一段评语"狭巷短兵相接处，杀人如草不闻声"，可谓是画龙点睛之笔。这句诗直接指出陈天华对于旧学尖锐而直接的批判，犹如在狭窄巷子中短兵相接，尤其是一句"与老学究争胜负于盈尺地，有死而已，不能为也"更是犹如黄钟大吕，振聋发聩！写罢评语，这位罗老师仍觉得意犹未尽，不仅加了一句"少许胜人多许"寥寥几字却胜过千言万语，更把陈天华列为一等第一名。

新化实学堂的学生毕竟与众不同，他们不喜欢传统的经学小学，思想开阔而喜欢针砭时弊，在他们之间流行的不是传统的理学说教，而是明末清初顾炎武、黄宗羲、王夫之等"离经叛道"的思想家的学术。这些学生开始注重经世致用之学的学习，认真研究山川形胜、制度时弊、行军理财之术等，还经常讨论外国政治故事，想着能够指导本国政治建设。

陈天华自从放弃了传统学术的学习后，就一头扎进了"新学"的海洋，不仅经常和同学们切磋讨论，更是常常"妄出大言"，说出很多诸如人人平等的学说，惹得一些思想不够开放的同学、长辈侧目而视。

"学而不思则罔"，陈天华在学习探讨的同时，还注意考察社会实际，积极参加社会活动，"慨然欲任天下事"，想着把天底下的大事作为自己的责任，积极参加维新变法活动。

缠足，是中国民间的一种习俗，从宋代开始流行并逐渐演变为残害女性身心健康的陋习。

本来，在宋代缠足还是一种比较"时髦"的活动，仅仅是把脚裹得"纤直"但不弓弯，还是一种类似"矫形"的矫正措施；然而，从元代开始，缠足继续向纤小的方向发展，明代的缠足之风进入兴盛时期，出现了"三寸金莲"的说法，要求脚不但要小至三寸（十厘米左右，几乎不能正常行走），而且还要弓弯，清代的缠足之风蔓延至社会各阶层的女子，不论贫富贵贱，都纷纷缠足。孙中山在号召革命时就要求中国人停止缠足，不再坚持这种陋习，但是收效甚微，直到新中国建成时一些乡下还有这种习俗。

陈天华在当时联络同学，推动不缠足运动，向当地政府呈上了《公恳示禁幼女缠足禀》，原文以文言写就，用白话文翻译如下：缠足这件事情，对于我们民族的危害是无穷无尽的，自从始作俑者开了这个先河，缠足的流毒就遍布了国家！现在把不缠足当作富国强种的根本，这是一种非常正确的做法。中国是世界文明古国，物产资源丰富充足，地理气候天下独绝，（本来是非常伟大的国家）然而，中国人却为了耳目的观赏和满足选择了污秽的习俗，文人沉浸于应试文章而妇女以缠足为时尚，至今被外国人耻笑。顺治康熙年间，就已经有人上书要求废除应试文章和缠足这两大陋习，只可惜积习已经很深了，所以一时间难以去除。然而，在我们国家兴盛的时候，这种陋习危害还没有全部表现出来。现如今，中国强敌环伺而民族危亡，中国人的国际权利日渐减少，中国的国家利益一天天遭到削弱，假如我们毁坏天然生成的肢体（指缠足），放弃我们固有的对于中国物产的产权，那么缫丝、织布、种茶、植桑等产业都会日渐削弱，每况愈下，直至不可恢复！朝廷现在已经设立了经济特科，科举不再仅限于以科举文章取士，想要卧薪尝胆，谋求中国复兴，那么劝诫禁制幼女缠足的事情，自然也是当务之急。

陈天华的这篇文章先是追本溯源，讲述了缠足这项陋习的来历，如不废除只会是"贻害无穷""流毒四域"，接着强调中国"文物之邦""五行百产甲于全球"，本来是可以大有一番作为的，只是因为"士习时文，女尚缠足"，所以国家危亡、不能振奋，"久为外人所窃笑"。然后，陈天华笔锋一转，为今之计，想要救亡图存、扭转时局就必须废除"时文""缠足"等陋习，不然就会"每况愈下，势岌岌不可终日"，而朝廷已经"改设经济特科，岁举不专以时文取士"，表现出了变革的气象，是以中国人都应该"卧薪尝胆，以共图富强"。

这份上书得到了湖南当局的重视，湖南的维新派大吏们不仅予以了批示，而且刊登在了长沙的《湘报》上，成为了维新大潮中来自青年学生的一声呐喊。

从官府的批示中，也可以推测清朝末年湖南省的开放风气，原文如下：我游历中外，关心中国的时局，曾经和朋友设立了不缠足会，我们编排了会员的资料，相互之间约为婚姻。这些学生（陈天华等）目睹时局维艰，痛陈当下的弊病，请求禁止缠足，加以推广，足以证明大家都是拥有相同的心思，也表明了物穷则变的道理。现在允许抄写刊发这项命令，并且下令各府、厅、州、县都张贴宣示。学生们一定要告诉自己的父亲兄弟，身体力行这项命令，并且对乡间邻里给予指导，使得这项命令家喻户晓，不要迟疑观望。假如能够使得一乡一邑的风气开明，那么就能够为国家增加千手千足的功效；如果能够破除愚夫愚妇的痴愚，就能保全四万万人的种族。《汉书》说："仁人君子，心力之为。"希望政府能和学生一起努力。

这篇回复可谓是极尽开明，不仅允许了学生们的要求，而且允许在各厅、府、州、县悬挂宣示，一扫清末政府无能愚昧的形象。

时易世变

然而，就在陈天华这些学生为国家的"开明""变法"欢呼雀跃、热血沸腾的时候，变故却发生了，以慈禧太后为首的封建顽固派发动了政变，不仅推翻了新政、罢免了所有维新派官员，更是以"大逆不道"的罪名残杀了以谭嗣同为首的"戊戌六君子"。

谭嗣同等人死了，带着不甘和怨恨死去了，但是他们一定是走得无比自豪，无比勇敢——他们用自己的行为去实践了自己的"道"，一条为国家、为人民、为民族抛头颅洒热血而在所不惜的"道"，是以他们死不足畏，百死不悔！

这条道，在维新变法时期是谭嗣同们"改革维新"之道，他们为了这条道不惜放弃逃跑的机会，献出自己年轻的生命，只为了用生命去践行这条大道；这条道，在民主革命时期是孙中山们的"三民主义"之道，为了这条道，黄花岗七十二烈士以身殉道，无数爱国志士求仁得仁，千千万万年轻英雄前仆后继，只为了这条道的存续；这条道，在新民主主义革命时期是"共产主义"之道，在这条通天大道上，有二万五千里长征上的不离不弃，有八年抗战的筚路蓝缕，有抗美援朝时的不屈不挠，无数英魂烈士都在这条道上杀身成仁，就此不朽！

这条大道，在每个时期有不同的概念，有不同的内涵和外延，但是不会改变的，正是无数仁人志士为国家民族之崛起振兴不懈努力的忠勇精神！

陈天华当时或许还不能理解"大逆不道"的具体含义，但是他的心却一定凉了——他怎么也想不到，说出"我自横刀向天笑，去留肝胆两昆仑"的谭嗣同会是"大逆不道"；他怎么也想不到，高呼"若死而中国能强，死亦何妨"而死的康广仁会是"大逆不道"；他更想不到，那些不贪赃不枉法，一心只为了中国富强而努力的戊戌六君子们会是"大逆不道"！他陷入了深深的抑郁和苦闷中。

清朝政府在这次变法中，彻底撕下了伪善的面具，淋漓尽致地表现出反革命、反人民、反进步的本质。轰轰烈烈的"百日维新"失败了，随时而来的是清政府的高压统治和残酷压迫，人们不敢再谈论哪怕一点和维新变法有关的事情，个个噤若寒

岳麓书院位于湖南省长沙市湘江西岸，中国古代四大书院之一。北宋开宝九年（976年），潭州太守朱洞在僧人办学的基础上，正式创立岳麓书院，后历经宋、元、明、清各代，至清末光绪二十九年（1903）改为湖南高等学堂，1926年正式定名为湖南大学，世称"千年学府"，现作为湖南大学下属的办学机构面向全球招生

蝉，生怕惹祸上身。

在这种倒行逆施、残暴至极的舆论控制之下，陈天华苦闷至极，他再也不能和同学畅谈"平等""自由"等话题，只能在心里默默地想。更多地，他选择与在新化廪保公所和新化实学堂讲学的父亲谈论，借助评论古今史事的机会，排遣心中的苦闷。

在陈天华短短不过三十一年的生命中，这一段时间是他非常幸福的一段时光：虽然家庭条件依旧不好，贫寒辛苦也是寻常事，但是毕竟能够有一个理解自己的人和自己交流，也是人生大幸。父子俩每天谈论，直至深夜，丝毫不觉疲倦。实在需要休息了，就抵足而眠。第二天一觉醒来，相视一笑，二人继续交谈。白天，父子二人畅游山川形影不离，大有"父无子一日不欢，子无父一日不乐"的态势，而这在"纲常伦理"等级森严的封建社会还是非常少见，近乎"多年父子成兄弟"的情况了。

1900年春，陈天华得到了贵州张氏的资助，得以前往长沙岳麓书院游学。在那里，他度过了一段非常充实的时光。

岳麓书院坐落于岳麓山区，自古就是文化名山，曾有东晋名臣陶侃在此读书，唐末五代智璇等二僧为"思儒者之道"在麓山寺下"割地建屋"搭建了学舍。书院于宋朝正式建立，长居天下"四大书院"之首。清末，岳麓书院顺应历史潮流，设立了译学、算学等科，增置时务和西学图书，进行了教学改革。

因为与时俱进而且名满天下，岳麓书院充盈着一种自由和文化的气息，这让来自新化小县城的陈天华感觉耳目一新，他在这里如饥似渴地学习各种知识，见识各种前沿学术与思想文化，在各方面都有了很大提升。

然而，天有不测风云，似乎是上天不愿意看到陈天华如此幸福，又似乎是上天在刻意考验陈天华的心理承受能力，自从他十岁丧母之后，又一桩悲剧发生了——当年七月下旬，陈天华的父亲病逝，刚刚求学不到半年的陈天华不得不回去为父亲奔丧。

这个噩耗仿佛晴天霹雳，让陈天华呆若木鸡。他自幼丧母，对母亲的印象比较淡薄，但是父亲在他人生的前二十年却扮演着父亲兼母亲的角色，是以这种一下失去了全部亲情的失落感让陈天华近乎不能接受。陈天华家境贫寒，无钱支付路费，只能晓行夜宿，怀着对父亲的无尽哀思与怀恋，凭着自己的一双脚回到了家。

就在他还在为父亲的离去哀伤的时候，打击一次又一次地向他袭来——父亲死后一个月，八国联军入侵中国，不仅攻陷了北京城，迫使慈禧太后和皇帝"西狩"（去西边打猎，逃跑的好听说法），还在北京城里烧杀抢掠，坏事做尽；又过不久，湖南名士、岳麓书院的学长、维新派领袖唐才常发动自立军起义，因为事泄被捕就义，年仅33岁；还没等陈天华喘过一口气来，北方又传来了沙俄侵占我国东三省的消息。

一桩桩，一件件，没有一个好消息！从什么时候开始，中国沦落为二三流的国家，每天都要受到欺负，土地还要遭到掠夺呢？

陈天华郁闷之极，对于父亲的哀悼、对于国事的焦虑、对于前程的未知让他忧伤过度，身患重病，几次气息奄奄，差点死去。

1901年，稍稍痊愈的陈天华回到新化实学堂，经历了无数国仇家恨无数变故的他变得更加成熟，更加将个人荣辱置之度外。他从自己的经历中，深深明白了"知识"对于国家的重要性，军事知识可以帮助国家打仗，科学知识可以修造铁路轮船，文化知识可以启发民智，没有知识是不行的。

所以，陈天华决心刻苦求学，以身许国，陈天华的刻苦努力表现在成绩上，他在参加学堂或者省城的考试时常获第一，声名鹊起，在湖南学界有了名气。

当时，有一位来到湖南当县令的官员赏识陈天华的才华，不在乎陈天华家境贫寒，打算把女儿嫁给这个穷书生。

按理说，这是一件才子佳人，天作之合的好事。而且，陈天华当时已经二十七岁，早该成家，毕竟"不孝有三，无后为大"，然而，陈天华却拒绝了这段良缘，慨然说道："如今天下多事，我怎么能以儿女深情来束缚自己呢？"

浩浩中国五千年历史，不乏有这种为了国家大事不顾个人得失者，在西汉，有霍去病高呼"匈奴未灭，何以家为"；在东晋，有祖逖渡江击楫，庄严发誓"祖逖不能清中原而复济者，有如大江"；在北宋，有岳武穆长啸"恢复山河日，捐躯分亦甘"。而正是这些不顾忌个人利益、不介怀个人得失的人，构成了历史，构成了中华民族高高挺起的脊梁！

这时候，在庚子事变中签订了空前绝后的丧权辱国的《辛丑条约》的清政府已经危机四伏，各地都在图谋起义革命，推翻这个已经烂到骨子里的晚清朝廷。可以说，清政府已经坐在一个装满了炸药的炸药桶上，只是不知道谁会来点燃引信罢了。

正是在这种危机四伏的情况下，一向迟钝顽固的清政府也感到了反清风潮的高涨，为了缓和人民的不满，给自己增加一点苟延残喘的时间，以慈禧太后为首的封建顽固派抛出了"新政改革"，"新政"中的一项就是以学校代替科举，派遣留学生留洋学习。于是，成绩出众的陈天华就在1903年春被选为官费留学生，前往日本留学。

日本，可谓是亚洲国家中学习西方改革最为成功的国家。这个昔日中国人眼中的"蕞尔小国""天子藩属"，仅仅花了三十年时间就打败了原来的主人，不仅国富民强，而且军事实力骤升，短短时间就成为了世界列强之一，这让包括陈天华在内的中国人大惑不解。

日本人究竟从欧洲人那里学到了什么本事，日本人和中国人有什么区别，我能从日本人那里学到什么来拯救我的祖国？

带着这些疑问，陈天华踏上了前往日本的轮船，迎接他未知的命运。

第二章　以笔为刃

敬告湖南

　　光绪二十九年（1903 年 3 月 3 日），陈天华等数十名湖南留学生从长沙启程前往日本。3 月 27 日，留学生抵达日本东京，陈天华进入日本弘文学院师范科就读。

　　从客观的角度看，清朝末年实行的这场"新政"的确是以改良国家、挽救国难为目的，而且在实际上也起到了一些积极作用——然而，在清朝末年的那种社会、政治局势下，再好的政策也会变成"恶政"，何况原本就漏洞百出的"新政"呢？

　　举个例子，清末新军建设是中国军事史的一个重要环节，象征着中国军队近代化的开始（近代化包括但不局限于武器装备），开创了中国近代军事进程的多项先河，可谓是中国军事近代化的重要进步。客观上，这次改革也的确为清政府建立了一支强有力的（相对于旧式军队来说）军队和警察队伍。然而，让清政府万万没有想到的是，这支由清政府一手创立的军队却亲手埋葬了他的创造人：1911年10月10日晚，清朝新军工程第八营的革命党人夺取了位于中和门附近的楚望台军械所，打响了武昌起义的第一枪。自此开始，清朝新军群起响应，各自声明反清，彻底埋葬了这个末代王朝。

无独有偶，这些被清政府派出去学习先进技术，用以维护本国统治的留学生们，在外国接受了不同于国内的教育，开始逐渐质疑清朝的统治甚至起来反对腐朽的清王朝。

1902年章太炎、秦力山等人在日本东京召开"支那（这里仅仅是中国的代称）亡国二百四十二年纪念会"，号召海内外华人华侨"反清复明"，不仅不承认清朝的统治，更是扬言要推翻清政府的统治。受到海外先进思想的影响，中国留学生中的反清革命情绪日益高涨，各种反清言论流传甚广。就在一年以前，黄兴等人还在弘文学院创办了宣传民族革命和民主思想的刊物《游学译编》。

刚刚抵达日本的陈天华立刻就被这里高涨的革命热情和开放的思想氛围所感染，他觉得痛快极了：在国内"大逆不道"甚至要"诛灭九族"的言论，在这里只是寻常说法，在国内摄于官府的残酷压制而不敢说、不能说的话在这里可以随意讨论，不受任何阻碍。

在当时的日本，已经有很多留学生公然抨击满洲贵族的反动统治，大肆宣传反清革命；在国内，保皇党领袖人物康有为、梁启超还被当作"倡言变法"的先驱、模范，而在日本，留学生们已经把他们视作"最轻最贱的蟊贼"。可以说，不论是从环境氛围，还是从思想开放，抑或是从革命环境来讲，日本都是有利于留学生们发挥政治热情的。

然而，正如那些初来乍到的留学生一样，陈天华一时还摆脱不了改良主义思想的影响，不能将自己和清朝政府划清界限，还对清朝统治存有幻想——他认为，明末清初无数抗清志士舍生忘死、杀身成仁的英勇斗争使得汉族"虽然亡国"，但是"权利未至全失"，还有着一些权利，然而侵略压榨中国的帝国主义列强却是"初以我为奴隶，继将以我为牛马，终则等诸草芥"，不仅要灭亡中国政府，更要灭亡中华民族，要使得炎黄子孙万劫不复。是以，陈天华还有着一丝幻想，只要清朝政府能够"以保国为心"，不将国土、人民割让给外人，他还是愿意在大清朝的黄龙旗下浴血奋战，为了祖国的存亡奉献热血和生命。

就在他徘徊于温和改良与暴力革命的十字路口上，不知道该选择哪一条路时，接下来发生的事情让他彻底认清了清政府的丑恶嘴脸并且坚决与之划清界限。

当年四月，趁着义和团运动侵占了中国东北地区的沙俄政府单方面撕毁条约，拒绝承认中俄两国一年以前签订的《中俄交收东三省条约》，不愿意把军队从东三省撤回去。

其实沙俄侵占我国东北的野心由来已久，早在1689年9月7日，俄罗斯就通过《尼布楚条约》霸占了中国贝加尔湖以东及尼布楚一带和外兴安岭的广大地区（即西西伯利亚），总面积800多万平方公里的领土；而随着清朝国力的下降，对于边疆地区控制力的衰退，他们通过培植代理人、勾引境外势力入侵乃至直接强占的手段接连吞噬中国领土，截至1882年的《伊犁界约》和《喀什噶尔界约》，沙俄总共侵占了我国超过一千万平方公里的领土。

不仅如此，沙俄不仅生性贪婪，更是残忍好杀，1900年7月24日，俄罗斯出动17万军队进入我国江东六十屯，强行索要土地。在遭到当地人民的严词拒绝之后，残暴的沙俄军队将祖祖辈辈生活在那里的十六万同胞全部斩尽杀绝（只有区区数百人泅渡逃脱），其中的绝大部分妇女被强奸，当时的黑龙江都被中国人的鲜血染红了！

1903年，沙俄不仅不答应撤军，而且蛮横地向清政府提出七项新的侵略要求，妄图永远占据东三省。

消息传到东京，留学生们一片哗然，个个怒形于色。第二日，数百名留学生在锦辉馆举行了"拒俄大会"，要求沙俄停止侵略、交还国土。在会议上，群情激奋而热血沸腾的留学生们一致通过了成立"义勇队"、回国抵抗侵略的决议，在场学生都签名发誓，加入义勇队。

陈天华仅仅是一介文弱书生，自己也知道"行军布阵""决胜疆场"绝非自己所长，然而，在这种民族危亡的关键时刻，他抛弃了所有的恐惧和畏缩，决心"以血肉之躯抵御西方强敌"，毅然决然地在被称为"死簿"的义勇队名册上签下了自己的大名。

四天后，义勇队改名为"学生军"，陈天华被编为学生军本部办事人员，他放弃了一切事务，积极参加集会军事训练等活动，并且用自己的笔墨警醒国人，号召全国人民共抗强敌。正是在这个时期，他创作出了千载留名的《敬告湖南人》公开信，原文写得慷慨激昂而文气飞扬，宛若金石坠地、掷地有声，读罢余音绕梁，三日不绝，让人有热血沸腾，不吐不快之感，可谓一代奇文。

原文译为白话文如下：

我敬告我所最亲最爱最敬最慕的湖南人：我们湖南人的人格难道不是中国十八省中最有价值的、最高贵的人格吗？可是为什么在这种亡国灭种的大环境下没有任何作为呢？我反复思虑这件事，但是还是不能想明白为什么！

难道是将要有所等待吗？那么台湾、胶州、旅顺、威海、广州的割让，也是可以说有所等待的了！可是为什么我只听说有人为此蹙额皱眉，而没有一个人投袂而起，为国效力呢？有人要砍断我们的手脚，我们不和他计较，等到他要砍掉我们的头颅，到了那时我们再与他奋起抗争，不是太晚了吗？更何况，东三省、广西的失去，不仅仅是手足的问题，这是要砍断我们的头颅啊！如果还说要有所等待，那什么样的事情才能不让我们等待呢？

大家想一想，假如东三省归了俄国人，广西归了法国人，英国、日本、美国、德国会心甘情愿吗？如果他们为了"利益共沾"而开始瓜分，那么瓜分中国也不过就是几个月的事情罢了，到了那时候大家又该到哪去呢？

想要抵抗吗？抵抗会死的啊！想要做顺民吗？可是做顺民也不免死亡啊！横竖都是死，今日抱定必死的决心，还有希望存活；等到了国破家亡的时候，死了也于事无补了。

而且，为了本民族的利益而死，虽死犹荣，为了外族人欺压屠杀本族人，那可就万死也不足以偿还罪过了。诸君活到现在不过几十个春秋，而这几十个春秋里我们将要面临这个世界上最悲惨的事情：印度、波兰、非洲国家亡国灭种的故事，也将要在我们中国上演了！

台湾、胶州、旅顺、威海、广州的人民已经先目睹了这一出悲剧，他们已经有了不忍直视、欲罢不能的感慨，而各位又为何要留着昂扬七尺身躯，冷眼观看这种家破人亡的惨剧呢？倒不如轰轰烈烈、轩轩昂昂地为国家扫除这种惨剧，奏响我们和平的乐章，不也是大丈夫所应该做的吗？

我知道各位所畏惧的不过就是死罢了。然而，死，谁不怕呢？就像我这个人，也是特别怕死的。然而，我思来想去总是找不到能够避免死亡的方法，所以我才敢做出这种以卵击石的举动。

精卫填海，一片热忱，至于胜败生死，就不是我要考虑的事情了。各位倘若有避免死亡的方法，那我愿意执鞭听从，假如没有，那么还不如轰轰烈烈去死。倘若是宁愿玉碎的人死去了，那么希望瓦全的人也不会保全，我希望诸位仔细考虑一下啊。

蒙古人夺取了中原九州，屠杀平民一千八百万，如果这一千八百万人预先知道自己不能幸免，都奋起抗争，那么我们还没死一半，蒙古人已经全部死光了！只是因为大家都怕死，所以才死得那么多罢了。蒙古人不怕死，所以他们凭借自己人数稀少的种族奴役了我们泱泱汉族。我们中国数千年来被外人屠戮的数量简直是恒河沙数、不可尽数，却没有一个能够报复的，这是为什么呢？只不过是因为怕死罢了！

中国号称有四万万人口，这相当于整个欧洲的人口数目，只要每一千人里面有一个不怕死的，那么就天下无敌了。然而，我们现在却到了亡国灭种的境地，这是因为什么呢？只不过因为怕死罢了！是以，怕死是中国灭亡的一大原因。诸君如果在这种危急存亡的关头还不能打破怕死的心里，那么中国真的没有希望了。

诸君不要把现在中国的灭亡和之前中国的灭亡等量齐观：此前灭亡中国的人，文明程度不如中国，种族繁殖能力也不如我们，因此最后都被我们感化了，因此我们民族的存续还是不受影响的。然而，现在却不是这样，民族帝国主义的概念逐渐流行，列强一开始还把我们当奴隶，接着就要把我们当牛马，最后就要当作微不足道的草芥一般。我们考察澳大利亚、美洲的土著和中国的苗族、瑶族，就可以知道这一点了。

欧美各国人口逐渐增加而土地不会增加，欧美国家的人口将在一百年内增加一倍——本国既然不能容纳，殖民地又没有空地，如果原先居住在殖民地的人不离去，新增加的人又在哪里居住呢？然而，他们不会采用屠杀的办法，而是会逐渐断绝我们的生计，让我们没法生存。久而久之，我们人民能够婚娶的就会减少，不让我们灭绝也会灭绝了。

自从和欧美列强进行通商之后，难道我们不是越来越穷了吗？最近，列强在铁路、矿藏两件事上争先恐后地插手，这就是灭绝中华民族的政策的表现啊。因此，今日中国的灭亡，不仅仅是政府的灭亡，更是种族的灭亡！

国家灭亡了，诸君还能在哪里呢？种族灭亡了，诸君还能在哪里呢？诸君现在还以为给外国人当奴隶是很正常的事情，根本用不着奇怪，觉得以前给蛮族当奴隶都可以，何况给"文明"的列强当奴隶也不是不可以，何必排斥。

错了，错了！大家不知道，现在的欧美列强对于本国人非常文明，对于外国人却非常野蛮。比如在最讲"自由平等"的英国，印度人却是英国的二等公民，根本享受不到英国人的幸福生活！慈父对待他的奴隶，肯定不像他的儿子一样仁慈，如果给别人当奴隶还甘之如饴，又还有什么能说的呢？而且，大家以为即使给别人当了奴隶就能幸免了吗？列强瓜分了中国之后，他们之间肯定会爆发矛盾。到了那时候，他们就要兵戎相见，俄国、德国将要驱使北方人民攻击南方，英国、法国就会驱使南方人攻打北方，自己则站在车子旁边观赏，反正死的都是中国人！列强之间相互征伐没有穷尽，中国人的死伤也不会有止期，到了那时候，中国人就得给外国人服兵役，想要得到安逸也不可能了！

诸君现在不为同种族的人反击外族人，将来就一定会为了外族人杀死本族人。诸君对于帮外国人杀中国人非常热衷，对于维护本族利益却连连推辞，这是什么道理呢？诸君中有丧尽天良的，肯定会说文天祥、史可法的死亡不能挽救宋朝、明朝的灭亡，不过是多造杀孽罢了。难道恭顺就可以免除杀戮了吗？

假如是这样，革命的时候死掉的应该只有拿着兵器去闹革命的，那些安分当顺民的人应该不会死。然而，又为什么这种人在革命的时候死得比闹革命的人多呢？原来，敌人想要的，是你的妻子、儿女、财富，不杀死你又怎么能得到呢？盗贼已经进了家门了，又怎么可以用作揖打拱的方式让他们离去呢？

外族进入中国，之所以不敢灭绝我们的种族，不过就是因为我们尚且可以抵抗，操之过急就容易让人民铤而走险，是以汉族虽然在外族人的统治之下还是保留了一些权利。而这些权利是谁带来的？就是那无数抛头颅洒热血的仁人志士啊！假如人人都像夫己氏（出自《左传》，用来指代某一类人）一样，那么我恐怕汉族将要灭亡了。

从前法国被英国灭亡了，全国人民都投降了，登高一呼而恢复法国的难道不是一个女子吗（指"圣女"贞德）？而近日中国现在还没有到法国的地步，诸君的地位也远比一个小女子来得高，假如万众一心、舍生忘死，那么我恐怕外国人不能吃得下饭了。

　　中国的存亡系于诸君一身，诸君觉得中国灭亡中国就会灭亡，诸君要中国不灭亡那谁又能灭亡中国呢？诸君是湖南人，我从湘军讲起，湘军从兴起开始最多不过三十万人，战死了一半多，可谓是非常凄惨了。然而，正是因为湘军牺牲了十五万人，才获得了无穷的荣誉，而其他死在太平天国、捻军手下的人，不下几千万，不过烟消云散了，谁又能记住他们呢？诸君难道不想效仿先贤的作为吗？那么大家的功绩又哪里是曾国藩、左宗棠能够比拟的呢？要知道，曾国藩、左宗棠杀的是同胞，我们可是杀的外族人啊！

　　诸君啊，诸君啊！凭借湖南一省影响中国的言论，难道不是出自诸君之口吗？哪有为什么别的省都开始保家卫国了，我们还逡巡逃避呢？要么实现之前的诺言，让国家复兴民族振奋，要么把这种伟大的人物交给别人，自己躲到别人背后，这都由诸君自己决定！

　　我只是不希望以后的历史书里记载，中国的灭亡湖南也是出了力的，那样我是坚决不能忍受的！

这篇辞章皇皇的战斗檄文在湖南产生了很大的影响，许多名人公开表示要"万众一心，舍死向前"，为了祖国的统一和完整贡献自己的生命。不久，这篇文章被上海《苏报》刊登，成为一篇传遍全国的战斗檄文。

虽然这篇《敬告湖南人》在全国取得了很大的反响，感染了无数爱国志士投身于祖国的复兴和统一，但并没有打动心如铁石而一心卖国的清政府。坚决奉行"宁赠友邦，不予家奴"卖国政策的清政府对于革命力量的畏惧远远超过了对于帝国主义侵略的畏惧，他们不怕帝国主义侵略，却害怕人民从此有了斗志、有了反抗暴政的决心，是以出动铁腕手段进行镇压。

很多人其实不明白为什么清政府这样腐败、这样愚蠢，竟然是非不分，敌我不辨，竟然对外国侵略者摇尾乞怜，对于本国人民痛下杀手——其实原因再简单不过，外国人侵略中国总要找一个代理人，清朝官僚们作为这个奴隶小头目可以轻易地享尽荣华富贵。相反，一旦人民有了力量，觉醒了抗争精神，那么人民绝对不会留下清政府这个已经烂到骨子里的反动政府，而是会彻底将他埋葬。是以，清政府一点都不怕洋人，却对全国人民畏如天敌。

陈天华深深地认识到清朝政府的反动本质，对于这个腐败政府最后的幻想也破灭了，他深深明白："我们分明是拒洋人，他不说我们与洋人作对，反说与现在的朝廷作对，要把我们当作谋反叛逆的杀了。"现在的清政府已经完完全全沦为列强统治中国的走狗，根本不能算是一国政府了！猛然惊醒的陈天华决心"反清革命"，从一名对清朝还留有幻想的留学生转变成一名坚定的革命斗士。

怒写血书

19 世纪的中国如同一只沉睡的雄狮，内忧外患的清朝将几千年的中华文明置于列强虎视眈眈的垂涎之下。在这期间涌现出了无数为了国家之崛起、民族之振兴而不惜抛头颅洒热血乃至于奋不顾身、不惜一死的勇士们，陈天华就是其中之一。

那是一个寒冷的冬天，在一个空旷的教室里，尽管天气寒冷，并且室内没有炉火取暖，却丝毫没有减灭同学们的救国热情。

"我认为，中国现在已经到了不革命不行的地步了！"一名同学慷慨陈词，言辞凿凿，"英国侵占我香港、九龙、广东、福建，谋夺我东南沿海；法国侵略我广西、云南，一路北上，直抵川蜀，要侵吞我中华河山；俄国抢占东三省，日本侵略台湾岛，美国、德国、意大利，个个要求'利益均沾'，纷纷要求开放中国之门户！此情此景，叫人情何以堪，试看今日之中国，又是谁家之天下？"

"对！"另一名同学拍案而起："自从 1840 年的鸦片战争以来，欧美列强亡我之心不死！第二次鸦片战争、甲午中日战争、八国联军侵华战争，无一不是意图灭亡我中华民族！到了这种时候，到了这个地步，温和改良、君主立宪已经彻底行不通了！'戊戌六君子'的鲜血、无数变法志士的牺牲都告诉我们，变法行不通，救国要革命！"

"说得好！"陈天华也站了起来，"说到甲午海战，大家可知道，在那甲午海战之前……"没等他讲话说完，另一名同学推门而进，大声喊道："你们还在这里口头革命呢！我刚刚听说，俄国要和日本达成协议，要合谋侵吞我东三省了！"

"啊！"同学们一片哗然："这简直就是奇耻大辱！"

"我们一定要革命！"

"一定要革命！"

同学们个个义愤填膺，纷纷表示要革命到底。而正在此时，听到这则噩耗的陈天华只觉得耳朵轰然炸响，眼前一阵晕眩，金星乱冒，就连身形也不住摇晃。他用力扶住身边的桌子，想让自己站起身来，但是这简单的动作此刻却又显得那么艰难。

"国耻，国耻啊！"陈天华激愤地吼道，"我们泱泱中国，四万万国民，却要被一个俄国一个日本瓜分了，真是国耻啊！"他眼神中充满了对于时局的憎恶与愤怒："谁来告诉我，为什么创造了辉煌的华夏文明的中国会沦落到这步田地，又是为什么，清政府不敢反抗外敌，却要对我们学生指手画脚？"

同学们看着状若疯狂的陈天华，都沉默了。

"清政府不是一个代表人民的政府！这是一个反动的、卖国的、彻头彻尾的破坏革命的伪政府！"陈天华咬牙切齿，指着西方的方向大声说道："正是因为这个卖国的政府，我们华夏民族才会受尽屈辱压迫，我们炎黄子孙才会如此饥寒交迫。有道是'庆父不死，鲁难未已'，今天清政府就是那庆父，就是国贼！"说到激愤处，陈天华已经涕泗滂沱，不能自已。

"天华，身体要紧，我们还要留着有用之身杀贼报国！"一名同学见陈天华已经快要癫狂，连忙劝阻道。

"哈哈！身体？国家都没了还要身体干什么？"陈天华大声吼道："给我拿纸来，我要写血书，我要以血救国！"

狂风从屋外吹来，吹打得教室里的电灯不住晃动，被狂风拂乱的光线照射下来，映照得教室内的人影幢幢，而那交织凌乱的剪影照射在教室光洁的地板上，又显得无比的凌厉。

陈天华戟指西方，大声喝道："要革命的，这时可以革了；过了这时没有命了！"说罢，一口咬破食指，在同学递来的纸张上奋笔疾书：某敬告于所至亲至爱至敬至慕之湖南人……诸君所畏者死也。然而死，人孰不畏，如某者，贪生之尤者也。避死之方，百思不得，始敢为此以卵击石之举……

一张、两张、五张、十张……陈天华越写越多，越写越快，他的脸色犹如金纸，手指不住地颤抖，然而他咬牙坚持，只是努力写着。

窗外的风声越来越大，吹打得房门玻璃噼啪作响，更有狂风入室，吹卷起落在地上已经写就的血书满屋乱飞。同学们个个肃立、一言不发，只是眼看着陈天华写就他的血书。

陈天华喘息渐渐加重，面庞上浮现出一种异样的潮红，显然已经疲倦到极限，然而他还是用力写着，白色的宣纸上艳红的血液此刻在窗外凄风苦雨的吹打下显得无比凄凉。

"革命！革命啊！"陈天华写到手酸，将双手高扬起，冲着西面中国的方向大声吼叫："四万万国人，四万万国人，大家站起来，站起来啊！"说罢，他又伏下头来，继续他的写作！

风愈发的大了，在楼上都可以听到草木摧折、树枝凋零的声响，远处的天际不时划过几缕白色的电蛇，轰然炸响的雷霆是这样的震耳欲聋，以至于所有人的感官世界里只剩下轰然作响的雷震与毅然以血救国的陈天华。

终于，陈天华写到极限，再也支持不住，只见他高高站起，大喝一声："救国，救国！"接着，窗外雷霆震响、狂雷满天、飓风呼啸、暴雨倾盆，蓄积了一整夜的大雨满天挥洒，而陈天华仰天倒下，重重砸落地面！

陈天华的血书被寄给了湖南各大高校中学，一时间，全省动容，大有和列强势不两立之慨。清朝官僚、湖南巡抚赵尔巽深受感动，一面指示湖南报纸全文刊载，一面亲临湖南各个学堂，宣读血书，发放枪支，让所辖各地开设"武备练习所"，练武强身，保家卫国！

虽然血书感动了湖南人民，也让清政府感受到了来自人民的力量，但是这更让清政府畏惧这些位于海外、"不服王化"的留学生了。

群众性的拒俄运动让清政府惶惶不安而不能安眠，出使日本的大臣蔡钧在了解到留学生们的行动之后，大为恐惧，急电清政府："留学生们组成义勇队'名为拒俄，实为革命'。"受到了惊吓的清政府立刻传令各省督抚，对于有革命迹象的归国留学生"不得妄为姑息"，"随时获到，就地正法"，一时间，清朝官吏对于归国留学生"罗织搜捕，防若寇贼"。

列强纠集了几十万军队陈兵边境，有的甚至已经开进了我们国土，这些清朝大员不思驱逐，反而点头哈腰，一副奴相，可是对于自发报国的英勇学生却是如临大敌，戒备森严，又打又抓，当作盗贼，简直不可思议！

与清政府沆瀣一气的日本政府把义勇队指为"军队"，逼迫学生军解散。陈天华与黄兴、秦毓鎏、叶澜、蔡锷等青年志士不顾清政府和日本政府的高压干涉，于5月11日改学生军为"军国民教育会"，以协会的名义行军队之实，让清政府和日本政府无词干涉。

鉴于义勇队甘愿受清政府节制，"乞怜于清政府，愿为前驱"，结果遭到出卖的前车之鉴，陈天华等人为军国民教育会制定了"养成尚武精神，实行民族主义"的武力反清、暴力革命的新宗旨，决心扛起"反帝爱国"与"反清革命"两杆大旗，为民族振兴与国家崛起奉献自己的全部心力。

在军国民教育会的成立大会上，会议通过了前往国内、南洋群岛等地发动群众的决议，决定选派人员去发动这些地区的人民起来革命。陈天华虽然身无长物，一文不名，但是仍然捐出了自己的全部财产——两元钱作为会费，愿意自费返回湖南发动全省人民。

除了身佩镌刻有黄帝像的军国民教育会会徽之外，陈天华积极参加军事训练，刻苦磨砺身体素质，还如饥似渴地阅读达尔文的《进化论》、卢梭的《民约论》、孟德斯鸠的《万法精理》等西方资产阶级的政论书籍以及《美国独立战史》《法国革命战史》等西方资产阶级历史著作。

此外，为了唤醒民众，号召全国人民起来进行抗清革命，他承担了《游学译编》杂志的编辑工作，不仅撰写文章痛斥腐朽落后的清朝政府，还写下无数文章警醒国民、号召革命。

《论〈湖南官报〉之腐败》

陈天华担任《游学译编》杂志编辑期间，看尽了当时一些媒体为权贵所左右，歪曲事实，欺骗大众，做尽文人所不齿之事的丑恶现象。于是愤然写下《论〈湖南官报〉之腐败》一文，强力抨击。

报纸，是传播新闻，发表意见，抨击时政的阵地，应当是属于人民、用于人民的舆论武器。平民百姓有了报纸，可以知晓世界大势，明白是非黑白，感受时代大潮；文人墨客有了报纸，可以一抒胸臆，可以针砭时弊，可以教化万民；政府官僚有了报纸，可以接受监督，贪官污吏才能有所畏惧，用权为民。

可以说，报纸是文明的标志，而判断一个国家文明与否，可以从这个国家有没有发达的新闻报业、充分的舆论监督来看。要知道，相对于政府，平民百姓的权利是比较弱小的，他们需要一个够帮助他们行使权力、进行监督的机构，而报纸则应运而生，成为"为生民立命"的良心行业。

然而，在清朝末年的湖南，报纸并非是作为舆论监督而存在的——恰恰相反，湖南的报纸被官府变成了政府的奴隶，一言一行、一举一动都要听从政府的安排，绝对不能有半点逾矩行为，这就无疑是对新闻精神的反动。

民意不伸张，民情不通达，人民心里自然会有不满、愤懑，到时候又何以疏导，何以解决？只能通过报纸来疏导民情、增进理解、维护社会稳定，昏庸无能而贪婪刻薄的官员们不理解也不愿意理解这一点，只是为了自己的享受和安乐肆意妄为，注定要被钉在历史的耻辱柱上，接受千世万世的诅咒唾骂。正是有鉴于此，为了惊醒湖南民众，提示众人报纸的重要性，陈天华写出了这篇题为"论《湖南官报》之腐败"的评论。

这篇文章先从报纸的作用入手，讲述了报纸的功能、作用、天职，认定报纸拥有"崇高完美独一无二之特权"，接着，作者谈到假如报纸谄媚权贵、放弃天职，自绝于人民，就是人民的罪过，不仅会"杀尽国民之权利，死尽国民之生气"而且会"使中国国亡，万劫不能复"，这些都是报纸的过错。然后，作者开始从《湖南官报》的诞生谈起。原来，《湖南官报》的前世是鼎鼎有名为中国复兴作出极大贡献的《湘报》。在《湘报》鼎盛的时期，可谓是人才济济、名家辈出，不仅有"浏阳二杰"这样的人作为主笔，还有熊秉三主持报务。《湘报》针砭时弊，痛斥黑暗，在湖南起到了激浊扬清的作用，反响很大。

正是有了以"湘报人"为首的一批心忧国事、不断进步的先进人士，湖南人为中国的戊戌变法和庚子国难付出了沉痛的代价，有多达几十位仁人志士献出了自己宝贵的生命，为中国的变法图强吼出了发自湖南的最强音。也正是因为《湘报》的这种宣传作用，在湖南省激起了极大的反响，"此报既风行湖南，全省之人皆震动，学堂、演说会、不缠足会等到处响应"，使得本来只是处于中国内地的湖南省变成了中国少数的进步省份，更有西洋人将《湘报》叫做"湖南狮子吼"。

然而，天有不测风云，革命志士们高估了清廷变法图强的决心，更以为清朝官僚是什么良善之辈——恰恰相反，这些人平时不闻不问，一副泥塑土偶的样子，一等朝廷有令，立刻变作另一副嘴脸。朝廷下旨要查抄各地进步报馆，大肆抓捕进步人士，使得湖南省风声鹤唳、草木皆兵、差役横行、人人自危，而王莘田这种反复无常的小人更是在危难面前表现出了反动畏缩的一面——他不仅向湖南反动派首领俞廉三摇尾乞怜，希望拯救自己的"投资"，挽救自己那一套铅印设备，还和地方顽固乡绅暗中结交，背叛革命。

后来，为了营救革命志士，海内外的革命党人们想出了一计，不仅戏弄了王莘田一把，更是阻止了俞廉三对于革命党人的迫害，可谓是大快人心。而遭逢牢狱之灾，差点性命不保的王莘田越发觉得这铅字印刷设备不吉，于是转手变卖，终生不复从事报业。

上有所好，下必趋之，湖南有人揣摩到了"上头"想要办一份官报的意图，于是阿谀奉承、百般逢迎，竟然筹备出了一份《湖南官报》。然而，这份所谓的官报却浑然没有了从前《湘报》的激浊扬清和针砭时弊，反而动辄以政府喉舌耳目自居，所有内容都必须经过领导审阅，所登载的东西也大都是一些封建老朽的官场事情，根本没有起到任何启发民智的作用。

假如对于《湖南官报》，陈天华仅仅只是愤怒的话，那么对于为《湖南官报》主笔的那些人，陈天华就是咬牙切齿，不能容忍了——这些人，身负报社针砭时弊、警醒世人的重任，身兼新闻写作、新闻评论的技能，却不想着怎样为人民做贡献，为中国做贡献，反而一心想着谄上欺下，写出一堆既不能拯救中国又不能有利人民的垃圾来。因此，陈天华表示与这些人"势不两立"，假如自己以后当不了大官，不能判别人死刑也罢，假如当了大官，就一定不会放过这些败坏报纸声名的人。

这篇文章可谓是嬉笑怒骂，入木三分，于娓娓道来之处显出锋芒万丈，行文大开大合，笔力雄浑，值得一读。

《论中国学生同盟会之发起》

陈天华在担任杂志编辑的那段时间，也正是中国的学生运动如火如荼的一段时间。

学生是什么？有人说，学生是挽救中国的主力军，因为他们有知识、有文化，掌握了将中国的工业实力、军事实力提升到世界先进水平的技术；有人说，学生是中国危急存亡关头的守护者，他们心怀天下、以身许国，为了国家之崛起、民族之独立而不屈奋斗；有人说，学生是开启民智、启发民心的号角手，炎黄子孙的奋起、华夏人民的独立都将由这些接受了最先进知识的群体来唤醒、来感染、来激励。

是的，这是学生阶层，这是学生群体。

然而，陈天华却告诉我们，中国将要灭亡在学生手里。

开篇点题，痛呼一声"呜呼！吾中国其真亡矣"，可谓之黄钟大吕、警醒世人，中国将亡？中国将为何而亡？中国又将亡于何人之手？

随即，作者愤而罗列中国近几十年之怪现状：一怪，本来创造了先进文明的文化古国却有着这个世界上最落后、最腐败、最诣外欺内的政府；二怪，怪中国堂堂"天朝上国"，也曾有"万邦来朝，海内来仪"的盛况，而今却被欧美列强这般欺压，不亦怪乎；三怪，曾经人文荟萃、人才济济的中国社会却无知无识，不信科学，终日懵懵懂懂，浑浑噩噩，只知道吃饭睡觉，浑然不顾外界变革。

所谓"五千年未有之大变局"，盖此之谓也！

然而，这些却不足挂齿、不足为惧，因为中国毕竟还有希望，还有学生阶层，还有那些赤心报国、百死不悔的热血男儿。

然而，作者却忽地横出一句"吾敢以一言断之曰：中国之亡，亡于学生"。作者怎么敢说中国将要灭亡在学生手里呢？

作者有自己的一套逻辑：凡事皆有主有次，主人发话，众人听从，不敢违抗。在中国，政府官僚就相当于是主人家里请来的管家，如果贪婪腐败、不问世事，撤掉就好；侵犯中国的欧美列强、外国殖民者不过就是家里不请自来的不速之客，假如侵害了主人的权益，赶走就好；社会上知识不足、才能不够、不信科学、不求民主的各社会阶层不过就是主人的亲人兄弟，假如没有知识，应该教导他们。

因此，作者认为，政府贪婪、列强凶狠、社会愚笨皆不足为惧。然而，中国的学生阶层却难当大任，不能承担起拯救中国的重任来，所以，中国将要亡于学生之手。

作者还总结了一下中国高等教育发展的历史：肇端于二十多年前的中国高等教育近些年来发展迅猛，理工农艺、蒙学女学，各种学堂如同雨后春笋一般在各地发展，可谓是人才鼎盛、难得盛事。林林总总加起来一算，中国怕不是要有几万受过高等教育的人群，这些人掌握了普通民众所没有的知识技能、广阔视野，可谓是拯救中国、扭转时局的不二人选。然而，这么多年过去了，在这几万人中却少有人能有所成就，有所贡献，这难道不是一种天大的讽刺吗？

任何事物的原因都不会是单一的，都会是各种因素综合作用的结果，这件事同样也是如此：有的学生身在内地，没有接触到救亡大潮，还想着为腐朽落后的清政府效犬马之劳；有些人读书只为货与帝王家，追求名利富贵，对于救国救民没有太多兴趣；有些人则是孤军奋战、独力难支，最后只能落得个惨淡收场。

怎么会这样呢？为什么中国的学生救不了中国呢？作者写到这里却把笔锋一顿，不再继续，而是讲起了为什么他认定身处东京的留学生们比起国内的学生水平更高：不是因为知识上有所差距，不是因为才能上不能相比，更不是因为外国的月亮就比中国的更圆。原因很简单，身处外国的留学生身在异国他乡，耳濡目染的是发达国家国民的开拓进取和他国政府的励精图治，自然会有一种比较、一种取舍，相比之下，残暴无能的清政府就显得没有任何可比性，自然不会被这些见过世面的学生认可。在这种革命救国的世界大潮和翻天覆地的时代背景之下，身处东京的留学生们自然会选择革命、选择救亡，也就会比内地的学生们有一种天然的优势。

写到这里，作者认为火候已到、功夫已足，可以加大火、下猛药了，于是顿出一笔"然则学生之所以不能成立者，何以故？曰：无一完全无缺、颠扑不破之大团体故"。是的，假如以学生们的团结一心、学生们的救亡热情、学生们的知识水平都不能够组成一个革命救亡的大团体，那么谁又能拯救这个国家呢？

接着作者以排山倒海的气势、刚直猛烈的笔力痛言最近几年来的事情：最近东京有人类馆、台湾馆的争议，政府不闻不问，不予理睬，学生却要争，拼命争！沙俄要侵占我东三省，掠夺我中国土地，我们东京留学生却要组成义勇队，要奋勇杀敌！而内地开明先进学生也不甘示弱，上海爱国学社成立，响应救亡大潮；北京大学堂学生上书，痛言国事；湖北五百人演说堂，声势煊赫。这些都给社会各阶层留下了深刻的印象，让他们认识到了中国学生的爱国热情和超凡素质。然而，作者在这里笔锋一转，蓦地泼下一桶凉水：恐怕这些活动却不过是风光一时，不能持久，不能造成长远的影响！

是的，学生虽然有热情、有能力，却少经验、少坚持，往往有着一腔热血与满胸豪情，缺少了那么一点做事情的持久与耐心。假如他们不能把这些事情坚持下去，做与不做其实没有太大的区别。正是有鉴于此，来自四川的肄业留学生邹容（著名的《革命军》作者）成立了中国学生同盟会，想要借此联络所有中国学生，号召所有学生团结起来，共同挽救时势！

在阐述完和同盟会有关的事项之后，作者转入抒情，以充沛之豪情、炽烈之热度直抒胸臆：学生，是中国人，是中国的学生！不管走到哪里，身上都烙着中国印，都铭着中国字，都带着中国魂！因此，中国的学生不追求国家富强，谁来追求国家富强？中国的学生不追求民族独立，谁来追求民族独立？中国的学生不谋求中华崛起，谁来谋求中华崛起！

困难虽多，阻隔虽重，学生们此刻却有很多要做的事情，有很多要在学业之外奋力争取的事情：政府顽固，学生们万万不可顽固；官僚狠毒，学生们万万不可狠毒；列强瓜分，学生们万万不容瓜分；社会愚顽，学生们万万不可愚顽——心怀家国天下，心忧世道人心，一力拯救世界，此学生之谓也！

正面说完，作者又从反面痛斥一些没有家国之念的"奴隶"，终日只想着功名利禄、谋求仕进，浑然不顾国家沦亡、人民苦难，即使拿了个学位证书也不过就是个"奴隶证书"罢了。而对于这些只知道逢迎唱诺、迎来送往的巴儿狗，作者极尽讽刺之能事——假如中国因为这种人灭亡，那么大家只好一死了事了，但是一死又哪里足够呢，只能用这世间最大的怨念去诅咒这些人罢了！

接着，作者开始谈起心目中的理想：倘若我们能够组织起一个庞大而热情的学生团体，中国又怎么会灭亡呢，那我们就可以说是"中国之兴，兴于学生"了！君不见意大利人驱逐梅特涅，正是学生的功劳；君不见意大利人退德军，正是学生奋勇作战，维护国家；君不见俄罗斯的学生运动，难道不是学生们的爱国热情压倒了沙皇的腐朽专制吗？

因此，不是时势造英雄而是英雄造时势，倘若一味等着时机出现，一味坐等革命胜利，又怎么可能获得最后的成功呢？波兰灭亡，波兰人奋起抗争，百死不悔，印度沦陷，印度人身自搏战，勇于抗争，而我们中国人又怎能自甘堕落，不去争取国家权力？

"假如我说中国要灭亡在学生手里，诸君觉得不满，那么就请奋起抗争，谋求国家之独立复兴吧；假如中国同盟会就此成立，诸君还心怀家国之念，那又为何不能与我们一起努力抗争呢？"作者在文章的最后发出热情的呼喊："中国是复兴还是灭亡，就掌握在你们手里，就掌握在你们手里！"

如果说在上一篇《论〈湖南官报〉之腐败》中作者尚存了一些哲人的冷静与沉稳，在这一篇文章中作者却抛弃了所有的伪装与遮蔽，直截了当地道出了自己的救国热情与革命意志：要么反抗，要么亡国，生死之间，没有妥协。

陈天华发出"天下兴亡，匹夫有责"的震天呐喊，警醒着清末怀揣着知识利剑的万千学生，震耳欲聋。

《复湖南同学诸君书》

一个什么样的政府才是合格的、值得民众尊重而维护的政府？

这是一个见仁见智的问题，很难获得一个所有人都统一的答案，更不可能得出真正的标准答案。但是，只要政府还存在一天，总是有几条原则是应该遵循的：首先，政府应该为本国国民提供基本的物质条件和行政管理；其次，政府应该维护本国的权益和形象；最后，政府所作所为应该尽可能对本国人民有利。

然而，晚清政权却连这最基本的三条都不能满足。虽然康熙皇帝下旨"永不加赋"，永远不增加人民的负担，但是"聪明"的官吏们总是有办法想出种种手段绕开这一点，要么设卡收费，要么增加火耗，要么巧取豪夺，总是能从可怜的人民手里夺去他们最后的食粮。晚清政府更是卖国求荣，鸦片战争后，签订下第一个卖国条约，从此一发而不可收拾；中法战争虽胜犹败，虽然在战场上狠狠教训了猖狂的法国殖民者，却在谈判桌上全都输了出去，签订了又一个不平等条约；妄自尊大的慈禧太后"对全世界宣战"，惹得八国联军一起进攻中国，给人民带来无尽的灾难；除此之外，清政府还擅长欺压人民，谄媚洋人，所谓"尽全国之物力，结彼国之欢心"，不仅对内镇压人民起义、抵抗侵略活动，还邀请外国人来国内镇压起义，帮助维护反动统治。

就在俄国人侵占我东三省之际，有感于时局危亡，国运维艰的留学生们组织了"义勇军"，打算以身许国，和外来侵略者作殊死搏斗。这种行为可谓是刚猛壮烈的慷慨悲歌。然而，当时清廷不仅不加以扶持，反而如临大敌，不仅派遣官员到日本监督，而且使尽手段打击学生！

正是有感于此，陈天华写下了《复湖南同学诸君书》，向湖南的同学们倾诉衷肠。在文中，他先是陈述了一番自己一群爱国学生的所作所为，说明爱国学生行为的正当性与合法性，激起同学们的同情心与愤慨之心，接着，陈天华愤然提出"我政府之识见如此，我国民之程度如此，此诚可为痛哭流涕者也"。可谓悲愤之声，发自于心。

接着，陈天华将自己的心迹想法完完全全地告知同学们：自己本来就已经把生死置之度外，一切都不放在心上，只是为了国家的存亡才奋勇战斗。湖南同学不要担心受到牵连，而自己只要凑足了盘缠就会回国，用生命与清政府与列强作斗争！

接着，陈天华辛辣地嘲讽了只知道镇压本国人民浑然不懂得抵御外敌的清政府"列强在边境陈列精兵几十万你不害怕，几个学生要救国你却风声鹤唳，草木皆兵，你到底算是谁的政府"之后，作者还借着机会讽刺了"保皇党"的康有为、梁启超，言语之间颇多对两人的鄙夷不屑。

最后，作者语含悲愤地说出了自己的心声，留学生现在已经具有了功名，只要能安然毕业俸禄可期，又何必放弃安稳的差事而做这种费力不讨好的事情！只不过留学生们不愿意看到国家沦亡，人民受苦，所以才将功名利禄抛之脑后，将国家存亡放在眼前，假如朝廷不能体察这种实情，那可是天大的悲哀！

爱国志士总是要死的，要么现在死，死在自己人手里，死在自相残杀中；要么他日死，死在外国人手里，死在追求祖国崛起的路上，一样都是死。所以，对于志士们来说，死与生是一个根本不值得考虑的问题，又何必在乎呢！只是，对于国家而言，现在杀了一个志士，他日就会少一个精忠报国者，又何必苦苦相逼呢！

在文章最后，作者坦言自己不怕死，随时可以去死，只要能对国家有利就好。然而，他却希望同学们保存有用之身，等到他日为国家作出贡献。真是一腔热血，满膺诚挚！

第三章　革命文豪

《猛回头》

1903年5月，"革命军中马前卒"邹容的《革命军》在上海出版，一时间大江南北国内外充溢着反清革命的呼声，清廷

《猛回头》书影

统治岌岌可危。在拜读了这本语意浅显而慷慨激昂的《革命军》之后，陈天华大受振奋，决定自己也用这种通俗易懂的语言写作一本警世之作，用以鼓舞同志、警醒国民。

同年夏，他用人民群众喜闻乐见的弹词的形式写下了锋芒锐利、直指人心的《猛回头》，秋天，他又用流畅的白话文写下了反对帝国主义的《警世钟》。

《猛回头》于1903年在日本东京创作完成①，全文以通俗浅近的民间文学形式（弹词），尖锐地控诉列强侵华罪行，为人民讲述了中国所面临的亡国灭种的危机，语意浅显而寓意深长。全书直指人心，点明清政府已成为帝国主义的"守土长官"和"洋人的朝廷"，已经不再是人民的政府，不值得尊敬维护。进而，作者痛批判勤王立宪，抨击康有为、梁启超等"保皇党"，大力宣传反帝救国和反清革命，要求全国人民团结起来，建立民主共和制度。

全文表达了中国人不屈的抗争精神，可谓是当时革命的冲锋号，不仅在长江流域各省流传广泛，更是鼓舞了古往今来无数仁人志士，为了家国复兴抛头颅、洒热血。文章对仗整齐，铿锵悦耳，借用了弹词的章法，极富感染力，值得一读。部分文章译为白话文，如下：

① 《猛回头》出版发行时间暂无考证。据1994年张岱年主编"中国启蒙思想文库"之《猛回头》注释，该文写于1903年夏，初刊于《湖南俗话报》。

猛回头

大地沉沦几百秋，烽烟滚滚血横流。

伤心细数当时事，同种何人雪耻仇？

我是中国灭亡之后两百多年的一个亡国民，幼年也曾学了一点奴隶学问，也想做一个奴隶官。谁知道，迁界禁海的禁令开放，风云突变而洋人入侵，来了什么英吉利、法兰西、俄罗斯、德意志等洋人，他们到中国通商，不过三五十年就将中国弄得民穷财尽。

这还不说，他们又经常侵略我国，他们连战连胜，我们屡战屡败：日本人占据了台湾，俄国人占了旅顺，英国人占了威海卫，法国人占了广州湾，德国人占了胶州湾，他们将中国十八省划分在各自的势力范围之内，丝毫不给中国人自由。中国的官府就如同异族的奴仆一般，中国的百姓就如同他们的牛马一样。还有那些传教的教士，个个如狼似虎，本性凶残，只要稍有怠慢，就要闹起教案（与传教士有关的恶性案件），随心所欲，任意妄为。我们中国虽然名义上没有被瓜分，但是实际上已经和瓜分没有什么区别了。那时候我们汉人中有一群志士，见到时局不好，热心报国，想要通过变法增强国力，扭转局势，谁知道清朝政府却说出"汉人强，满人亡"的话来，不允许汉人变法救国，把轰轰烈烈的戊戌变法扼杀了，还残忍杀害了"戊戌六君子"，其余的爱国志士有的被杀了，有的逃走了。不到两年，华北地区爆发了义和团。义和团的本意是好的，但是行事有很多不当之处：不学习切实的本领，操弄邪门歪道（指义和团"请神上身，刀枪不入"的说法），而这邪术原本就是小说中虚构的故事，哪里靠得住呢！所以他们遇上洋人白白送了性命。而且，他们不分好坏，不问是非，把世界各国都一起得罪了，却不知道世界各国有和我们有仇的，也有和我们无仇的，如果不加以分别，我们怎么能和世界抗衡呢？我们虽然恨洋人恨得厉害，却也要做好迎敌的准备，不能无故生事挑衅。至于那围攻大使馆、火烧天主教堂，更是没有见识。自古有言"两国相争，不斩来使"，我们无缘无故杀害了他的使臣，他就有话可说了。我们要对付的是那千军万马的洋人，而不是一两个于事无补的洋人。如果人家的兵马过来，我们就畏惧害怕，人家的商人教士来了，我们就要谋害他，这就是所谓的"谋孤客"（指强盗杀害单身行人），这怎么能算得上是威武呢？义和团不懂得这个道理，所以闯下大祸，把我们中国弄得处处树敌，可以说是中国的罪人了！

当时还有一群顽固的大臣，自私自利，只想着利用义和团，等到八国联军兴师问罪，就束手无策，不知如何是好，只能放弃了北京城，逃往陕西，对百姓的死活不管不顾。可怜那北京地区，被八国联军杀得尸横遍野，血流成河，死了几百万人。俄国趁势占据了我国东三省，无缘无故地把六千多中国人赶入黑龙江，各位，你们说凄惨不凄惨！

更有那些无耻无能的中国人（即汉奸），自己扯起了八国联军顺民旗，迎接八国联军进城。还有那些丧尽天良的中国人，引着八国联军到处奸淫掳掠，无所不为，无所不至。说到这里，我的喉咙哽咽了，真是一句都说不出来。我只恨没有权势力量，不能把这些残害同胞的汉奸千刀万剐，这真是我平生最恨的事情！

各位，你说列强占据了北京城，为什么不把中国瓜分了呢？各位有所不知，各国民风不同，文化各异，语言不通，而且他们本国距离中国很远，哪里有那么多人可以统治镇压中国呢？还不如留着清政府，让清政府代管，而他当着清政府的主子。这汉人是当惯了奴隶的，自然不会生事，我们是奴隶的奴隶，人家是主子的主子，这是多么惬意！这难道不比实行瓜分自己统治方便许多吗？果然这清政府无比感激列强不杀之恩，从前赔款加起来也有十万万了，这次给各国的赔款，连本带利，差不多又有十万万，我们就算是卖儿卖女也出不起啊！清政府又把自己沿海的炮台削减了，本国的军队邀请外国人担任教官，本国的矿产让外国人来开采，本国的铁路让外国人来修，还有生杀权柄都由外国人来操持。各位，你们看这个朝政府，只顾着苟全自己的性命，浑然不顾汉人的死活，全凭洋人作主，你们说可恨不可恨！我们如果不依着他们，他就加以抗旨的大罪，兴兵征讨，我们汉人命如草芥。以至于中国十八省，愁云密布，怨气冲霄，赛过十八层地狱。清政府又见到从前守旧顽固慈出祸患来，才敷衍了事地实行了一段新政，这其实是掩人耳目罢了。别的不说，只说京城修建了一个大学堂，要花三十万两银子，政府说花费太大，至今没有修，而皇太后要修复颐和园，即使是数千万两银子也能准备出来，每年办陵差（修复皇陵的花费），动辄数百万也能拿出来，为什么唯独这三十万却拿不出呢？我们百姓家里，连一个买水吃的钱都没有，去年荣禄（清朝官僚）嫁女儿，他的门房却得了三十二万两银子的红包！这银子是从哪里来的呢？还不是贪官搜刮我们的民脂民膏！在荣禄之外，还有太监李莲英，是皇太后最信任、最宠信的人，他的家产比荣禄多了十倍！现在的官府中人有多半是他的门生、小门生。各位，你们看这种情形，中国还能保住吗？到了今年，俄国就要把东三省收归他有了，法国也要占据广西，中国如果答应了这两国，英国少不得就要占据长江七省，德国少不得就要占据山东、河南，日本就要侵吞福建、浙江，这么一来，中国还有哪一块是我们的领土呢？

我想，这腐败政府是送土地送习惯了的，过不了多久就是拱手奉上。我们到了那个时候，上天无路，入地无门，又该往哪里去呢？我想到这里，就把做官的心思去了，只想着把我们的同胞救出苦海。无奈我们的同胞真实执迷不悟，依旧歌舞升平，依旧自私自利，没有半点团结可言，这可真是所谓"火烧眉头而不知痛"啊！真是可叹可惜！我闲来无事，编了几句粗话，叫做"猛回头"，各位若不厌烦，我为大家唱出来，消消闲可好？

拿着鼓板，坐在长街，放声高唱；
尊称一声，我的同胞，细听端详；
我们中国，原来是个，有名大邦；
不像那些，弹丸之地，偏僻地方。
论及土地，四千多万，五洲无比；
论起人口，有四万万，世界无双；
再说物产，那又真是，取之不尽；
比比才智，更是不让，东洋西洋。
这么一看，没有一件，比人不上；
照理来说，就是应该，天下称王。
可为什么，到了如今，奄奄一息；
不仅割地，还得赔款，行将灭亡。
个中原因，那可真是，一言难尽；
请让我来，慢慢讲述，一起商量。
五千年前，我们汉人，创始先祖；
名叫黄帝，来自西北，一统中央。
夏商两周，秦朝汉朝，一姓传下；
未曾有过，异族人种，来做帝王。
这是我们，文明先祖，留传家法；
子子孙孙，理所应当，永远不忘。
唯独可惜，骨肉血亲，兄弟阋墙；
惹得外地，五胡蛮人，猖獗异常。

那时更是，同根同种，引进虎狼；

到了唐朝，方才平定，息了刀枪。

传至五朝，那时又是，外强我弱；

中国同胞，横遭杀戮，人人心伤。

宋朝太祖，窃据皇位，没有才德；

收复燕云，不过小事，尚且不成。

这也难怪，赵氏子孙，懦弱无方；

称职称臣，缴纳贡品，习以为常。

徽钦二宗，被人捉去，仓皇北狩；

只有岳飞，浴血奋战，挡住虎狼。

朱仙大捷，杀得金兵，片甲不留；

却是可恨，秦桧贼人，暗地中伤。

自此以后，我们汉人，再无名将；

任凭异族，屠戮百姓，犹如猪羊。

元朝鞑子，相比金人，更加凶狠；

先灭金朝，后灭宋朝，锐不可当。

杀起汉人，不计其数，如同瓜果；

这件事情，我一说起，就要断肠。

攻克常州，燃脂作膏，点燃灯亮；

残忍无比，仔细一想，异常凄凉。

这原本是，异族蛮夷，心无恻隐；

中国同胞，将那敌人，认作君王。

想拿当日，金人元人，人数极少；

合起一算，不过十万，有啥高强！

我们汉人，以百敌一，都还有剩；

那却为何，以寡胜众，不合天常？

只是因为，人民不懂，种族主义；

为了外人，杀戮同胞，丧尽天良。

番邦异族，浑然不费，半点力气；

只要汉族，持刀持枪，自相残伤。

满洲清朝，毁灭中国，就是这样；

看吴三桂，看孔有德，为虎作伥。

清初杀人，尸横遍野，不下千万；

那次失败，不是我们，自毁门墙！

各位，你们看中国几千年来，只有外国人杀中国人，只有外国人到中国当皇帝，却从来没有中国人到外国当皇帝的，这是什么缘故？只是因为中国地方很大，人口很多，大了就容易不相往来，人多了就不会彼此亲热，却不懂得大家同根同祖，要彼此亲热。中国和平日久，没有遭受灾祸，就难免游手好闲，不学武艺，时间久了就会军备废弛，不擅战斗。而少数民族他们虽然地域狭小，人口稀少，但是相亲相爱，非常团结，全族几十万人就像一个人一样。他们没有别的本事，只能是靠掳掠为生，把武艺看作性命，人人擅长战斗，全民族都相当于战士，可以以一敌十。这样一来，擅长战斗而相亲相爱的异族人攻打我们不擅武艺而自相残杀的中国人，又怎么会不胜利呢！

更可气的是，我们中国人中常出汉奸，只知道为了功名利禄为外族人效力，还帮着外族人屠杀同胞，这样一来外族人又怎么做不成中国的皇帝呢？从前异族人当了中国的皇帝，虽然有朝代的更迭，总还是我们汉人的江山，总还是我们炎黄子孙生活在这片陆地上，只能算上是换朝，称不上是灭国。唯有元鞑子灭了中国，才算得上是灭国，后来幸亏朱元璋恢复了汉人江山。现如今这满洲人灭了我们中国，难道说我们就不想恢复了吗？

　　　　我们汉人，意图恢复，他说造反；

　　　　于是有人，无耻之徒，为他勤王。

各位啊，你们知道这"造反"两字是什么意思吗？他们强占了我们的国家，我们自己想要恢复故国，这是堂堂正正的道理，怎么能说是造反！就好比一户人家有一份产业，结果被强盗霸占了，后来这户人家的子孙长大了，想要报仇雪耻，把自己的产业夺回来，难道是不应该的吗？而这户人家的子孙，却有一半多要帮助这个强盗，把自己的亲兄弟杀死，到那强盗那里去领赏，这还能算是一个人吗？各位，你们看这些勤王的人，难道不是和这个杀害自己的亲兄弟，到强盗那里立功领赏的人一样吗？各位，各位，如果我们连这都能忍，又有哪一点不能忍呢？

　　　　还有那些，读书之人，大言忠孝；

　　　　全然不晓，忠孝二字，真理要义。

若是圣贤，应忠于国，怎忠外姓；

这分明是，残害同种，灭绝伦常。

转瞬之间，是西洋人，来做皇帝；

这帮贱人，怕少不得，又喊"圣皇"。

想起这事，异常伤心，有泪别洒；

这种奴性，到了那日，才能灭亡！

还有那人，假装维新，主张立宪；

去掉区别，讲究易服，满汉一堂。

这些议论，全部都是，隔靴搔痒；

当时之事，全然不懂，如若疯狂。

倘若要是，现代政府，励精图治；

能够保护，汉族子民，不遭凶殃。

我们汉人，忍气吞声，归属他下；

交纳赋税，当牛做马，倒也无妨。

只是奈何，各种国事，全然不理；

满朝大臣，除了谄媚，别无所长。

我们汉人，若再靠他，真不得了；

这就好像，四万万人，进了法场。

俄罗斯国，来自北方，包我三面；

英吉利国，假装通商，毒计中藏。

法兰西国，占领广州，窥伺黔桂；

德意志国，夺胶州湾，虎视东方。

日本小国，窃取台湾，谋求福建；

美利坚国，也是想要，列土分疆。

偌大中国，哪一点点，还有我份；

这个朝廷，早就已经，名存实亡。

为那样人，当作一个，守土官长；

压制我们，汉族人民，拱手降洋！

各位啊，你们还以为这现在的朝廷还是满洲的朝廷吗？早就是洋人的了！各位，你们若是不信，就看朝廷近来做的事情，又有哪一件不是奉了洋人的号令呢！我们分明是要抗拒洋人，他不说我们和洋人作对，却说我们和现在的朝廷作对，要把我们当作谋反叛逆的乱臣杀了。各位，如果我们不把这个问题弄清楚，什么事情都听朝廷的，恐怕虽然名义上不是洋人的百姓，其实实际上早就不知道做了多久的洋人奴隶了！朝廷固然是不能违抗的，但是如果说是要违抗洋人的朝廷，难道还有错不成？

我们汉人，自然应该，想个计策；

到底为何，到了死地，不慌不忙？

痛我只痛，甲午战争，吃了败仗；

痛我只痛，庚子年间，惨遭杀伤。

痛我只痛，割去土地，万古不还；

痛我只痛，索赔款项，不会补偿。

痛我只痛，东三省地，又要割让；

痛我只痛，法国军队，又到南疆。

痛我只痛，因为通商，民穷财尽；

痛我只痛，失去矿权，不保糟糠。

痛我只痛，大办教案，杀人如草；

痛我只痛，又修铁路，仰人鼻息。

痛我只痛，人在租界，常遭羞辱；

痛我只痛，身处外洋，如在热汤。

各位，你们看那洋人到了中国，不管他在本国是什么社会地位，我们官府都是要当作上司对待。而租借虽然说是租给洋人，但是仍然是我们的地方，哪里知道到了租界，中国人的命连禽兽都比不上，不论你是什么大官，都要交到工部局问罪，守街的巡捕比那虎狼还要凶狠。中国人打死了外国人，至少要杀十个中国人抵罪，还要革掉许多中国人的官职才能了结；而外国人打死了中国人，却只会在本国治罪，中国政府不能干涉，半句话都不能说。上海的租借内有一个洋人的花园，上面贴了一张纸："只有狗和支那人（中国人）不能进入！"中国人连狗都比不上了！

在南洋群岛和美洲、澳洲一带，有两三百万中国人在那里做苦工，那洋人生性妒忌，每个远道而来的中国人要上岸就要交五十元的税。每年还有各种税务，只要稍稍不如意，就会把中国人随意打死。在檀香山的华人街，一个妇女因病去世，这本来是寻常事，而洋人却说是得了瘟疫，害怕传染本国人，一定要把这条华人街全部烧了。这街上的人不敢反抗，只能来到河边树下居住，各位啊，这怎能不让人伤心呢？洋人看到仍有许多中国人来到本国居住，就又想出一个办法：上岸的时候，如果不能写出五十个单词，就不准上岸，还把五十元的税提高到五百元。其他的狠辣手段都非常厉害，差不多中国人里面没有一个有资格出洋的。这样的一条苦路都被洋人堵死了，中国人还有别的出路吗？中国在没有被洋人瓜分的时候都已经受到这样的歧视，等到列强瓜分中国之后，我们还能有一碗饭吃吗？

怕我只怕，成了印度，疆土不保；

怕我只怕，变成安南，中兴无望！

各位，你们知道不知道偌大的印度是怎样灭亡的吗？说来可真是好笑！三百年前，英国有几个商人集资十二万办了一个东印度公司到印度通商，不过百年这公司就变得非常庞大了。乾隆年间，有一个叫克雷飞的书记官，他有文武全才，招纳印度人当兵，然后就地筹饷，把印度各国全部灭亡了。

各位，你们说这稀罕不稀罕！印度是释迦牟尼佛的故乡，人口有中国的四分之三，又怎么会被一个英国公司灭亡呢？不知道原来这是印度人自己灭的，全不需要英国人花半点力气，又怎么能怪得了英国呢？我们中国人和印度人情况类似，英国在我国的势力比当初在印度的势力更大。各位，请大家想一想，我们今天骂印度人不团结，恐怕过几日印度人就要骂我们了！

安南是越南国，从前是中国的藩属国，要向中国朝贡的，和云南、广西接壤，有中国的三个省那么大。光绪十年，安南被法国灭亡了，安南国王只有一个国王的虚号，其实一点实权都没有。安南国王抑郁成病，临死前感叹："欧洲人惹不得。"呜呼，晚了！

怕我只怕，成为波兰，飘零异域；

怕我只怕，成了犹太，没有乡国！

各位，这波兰又是什么国家呢？数百年前，它也是欧洲的一个大国，结果因为不治理内政、权贵掌权，上下沟通的渠道断绝，于是被俄罗斯、德意志、奥地利三国瓜分了。俄罗斯得到的土地最大，施行了许多暴政，是笔墨所不能描述的。波兰人受不了虐待，兴起义兵，愤而起义，然而那些贵族贪生怕死，甘心做外族人的奴隶，为俄国人杀戮同胞，就像我国的太平王（指太平天国洪秀全）兴起义兵，偏偏有湘军替满洲平定祸乱。而俄国人得到波兰贵族的帮助，于是趁机把波兰人杀死了一大半，其他杀不光的就不准使用波兰的语言和文字、宗教，一切以俄罗斯文化为基准。俄罗斯还布置了很多警察，波兰人民的一举一动、一言一行都不得自由。他们还把波兰的贵族和文化人都装在囚车里，送到极北的西伯利亚，一共有三万多人，每一队都由士兵押送。

启程的时候，大家都故土难离，抱头大哭，即使是铁石心肠的人也要潸然落泪。然而，虎狼心肠的士兵们并不在乎波兰人的想法，如果不听话都要用鞭子抽，顷刻间就血肉横飞，死伤无数。还有一个妇女，抱着自己的孩子啼哭不止，于是士兵从她怀里抢走了孩子，扔出数丈之外，孩子就被摔死了。那个妇女心如刀割，以头抢地，也一头撞死了。这些人一路上遭受风吹雨打还要忍饥挨饿，足足走了好几个月才到达西伯利亚，这时候只活下来三分之一，特别凄惨。这些人回想起往日的繁华岁月，真是恍如隔世，这是做梦也想不到的。那些波兰人到了这种地步，想着早知如此不如和那些起义军一同奋斗，即使战死疆场也落得个干干净净，何至于受这种苦，悔之无及呢！各位，这分明就是波兰人自作自受啊！

至于这犹太族和波兰不一样，本来是数千年前的一个文明古国，是耶稣诞生的地方。犹太人智慧深邃，不论是文章还是技艺无一不精，特别擅长经商。只是因为行为卑鄙，没有确定的政治思想，张三也可以来当皇帝，李四也可以当皇帝。谁知道这些国家只要土地，不要人口，却把犹太人驱逐出国，不许他们在本国居住。可怜的犹太人东奔西逃，无家可归，即使有万贯家财也都是别人的，即使有绝顶才学也没有用处。世界各国看到他们是没有祖国的人，根本不把他们当作人来看待，只是随意欺凌。今年在俄罗斯的一个地方，住着有几千名犹太人民，他们素来本本分分。然而，近些日子俄罗斯人走丢了一个小孩子，大家都谣传是犹太人杀掉祭神了。于是俄罗斯人聚在一起，将犹太人的房屋放火烧了。那些犹太人有投河而死的，有悬梁自尽的，其他的或是被俄罗斯人砍掉手足，或是被分尸肢解，又有人将小孩子扔在空中，用刀接着，种种暴虐行为，简直惨无天日！俄罗斯政府不仅不禁止，反而称赞应该如此；俄罗斯的绅士和传教士也都乘坐着马车前往观看作为娱乐。各位，大家试想一下，人到了没有祖国的时候，就是这个样子！哪一国不是俄罗斯，哪一个人又不是犹太人呢？真是值得慨叹，真是让人畏惧！

怕我只怕，成了非洲，永做牛马；

怕我只怕，变作南洋，服侍犬羊。

各位啊，不要说中国地大物博、人口众多，任凭洋人如何也不能瓜分中国。这非洲也不算小，天下五大洲，亚洲算是最大的，第二就是非洲，人口也有两万万之多，只可惜没有文明文化。欧洲各国渐渐地就把他们的土地人民瓜分了。欧洲人还把人口掳掠回来，让这些奴隶做最苦的工作，好像牛马一般。西洋人看待这些人，就如同草芥一般，享福的都是欧洲人，受苦的都是这里的人。这是什么缘故呢？原来都是因为非洲人从不读书，所以受制于人。大家再看中国的人，有本事有知识的又有几个呢？就是那些号称读书人的人，除了"且夫""若曰"等几个字之外，还知道什么呢？

而欧美各国以及日本，每个人到了六岁，不分男女都要进入学校学习，所学的无非就是天文、地理、伦理、化学、物理、数学、绘图、音乐等有用的学问。学了十多年，还有陆军、海军、文科、农科、医科、师范等学问。他们社会里面最下等的人学问都超过我们的翰林、进士。所以，他们制造了轮船，我们只能当他们的水手；他们建立了工厂，我们只能当最下等的工人；他们安然端坐而独得大利，我们却只能终日劳动而不得糊口。假如现在大家不送家中的子弟学习有用的学问，等到洋人瓜分了我们国家，一定不允许我们学习这种学问，到那时候我们就是想要做牛做马都不可能了！

……

左边一思，右边一想，真是危险；

话说起来，不由人意，胆战心慌。

我们同胞，除非能是，死里求活；

再也没有，绝妙好计，能做主张。

第一要，除党见，同心同德。

各位，我们四万万人都是一奶同胞的亲兄弟，为什么要有党见呢？常言道，兄弟在家里闹别扭，等到外敌入侵，还是要一致对外。我却发现，近来也有守旧派，也有维新派，相互之间有了很多矛盾。其实假如真心想守旧是很不错的，他心里想着要保留列祖列宗生活的习惯，恐怕讲究时务中国就会变成了外国的模样，这种想法我也是很佩服的。然而，这种想法还是没有触及到事务的要害，不知道做人要识时务。比如说冬天有冬天的事情，夏天有夏天的事情，假如因循守旧，一定要按照冬天的事情来办，这还可以吗？我们从前用弓箭和敌人作战，敌人如今换成了洋枪，我们还要拿着弓箭和他们交战吗？我们从前用手织布，别人用机器织布，一个机器可以超过一千个人的效率，我们既然不能禁止别人穿洋布，又怎么能不学习别人的机器呢？凡是列强超过我们的事务，我们又有哪一点不要学习呢？不把敌人的长处学来，我们又怎么能对抗敌人呢？这就好比邻居家仗着他家里的读书人多、武艺高强、家财万贯，经常欺负我们，我非常痛恨他。但是不论我们如何恨他，也不能奈何他什么，只能把家中子弟送出去读书、学习武艺，把他发财的窍门学来，等到什么事情都和他一样，只有这样才能报仇雪恨。这样看来，不想守旧也就罢了，假如要守旧，那万万是不能求新了。那些求新的，这种守旧的念头也是很重的。祖宗流传下来的土地，我们已经丧失了好几百年了，现在想要收复失地，一草一木都容不得异族侵占，这不比那些守旧的人强得多吗？至于那些学了几句外语，就去洋人那里当一个"二鬼子"，自称求新党，这其实是汉族的败类，又怎么能算得上是求新呢？那些守着八股文，只想着侥幸获得一个功名，其他一概不管的，这是一点爱国心都没有的，怎么能算得上是守旧！这两种人都不值一提，只要这些真心守旧的人和真心求新的人联合起来，这就非常好了。

从前只有守旧、求新两党，到了最近求新党又有了许多党派：有主张革命的革命党，有主张勤王的，有主张激进的，有主张和平的，有主张陆军的，有主张科学的。这些党派之间的争斗比起以前的两大党还要激烈一些。但是这些人都没有想过，革命固然要紧，但是勤王党只是暂时没有想到，过一段时间一定知道要革命的。除非是在两军对阵的时候，其他时候不可意气用事，要心平气和地把道理讲清。今天的局势，激进是万万不能没有的，但是不能没有和平的一派，否则一次失败之后就没有人再东山再起了。而要把我们中国沦陷的河山夺回来，怎么能不要陆军呢？但是假如把江山夺回来了，没有科学又怎么能发展国家呢？外国人虽然党派林立，派阀横行，但是原则都是一致对外，都是出于公心而没有私利。遇到外敌入侵，他们上下同心，没有内部倾轧的现象发生。只要所有人不违背这个一致对外的大宗旨，其余的行事方法大家自便，不能勉强。而中国虽然有自发组织的党会，算起来不下于几千个，但是都互不联络，这里起事，那里旁观，还有的彼此有仇，老死不相往来。各位啊，从前有一个蛮王，他有十九个儿子。在他临死的时候，他把孩子喊到一起，每人赐了一支箭，孩子们一下就折断了；他又让孩子把十九支箭捆到一起，谁都不能折断。于是蛮王就说："孩子们啊，你们要知道，分开易折，合则难折。你们兄弟如果各自为战，就很容易被外人消灭，假如你们团结一心，那么就会如同一人，谁敢欺负你们！"这十九个孩子听了父亲的话，果然亲如一人，国富兵强，其他国家都不敢欺负他们。今天有无数异族都要毁灭我们的民族，即使我们四万万人合在一起都不一定抵挡住他们，何况我们各自为战，各不相干！等到我们被逐个击破了，我们还有谁能独善其身呢！依照我的愚见，不如大家合成一个大党，凡是我们汉族人士，不论是为士、为农、为工、为商，都不要加以侵害骚扰，都要加以保护，不让他们受到外族的侵略，这才对得起祖宗，这不也是大豪杰的行为吗？

第二要，讲公德，有条有纲。

各位，你们看我们中国到了这种地步，难道不是大家都不讲公德，只知道顾忌自己的私立的结果吗？你不管别人，别人也不管你，一个人怎么能成事呢！假如大家都讲公德，但凡是对于社会有好处的事情都要做，别人固然会因此得利，你也会因此得利啊。比如当他人陷入穷困的时候，我施以援手，等到我穷困不堪的时候，他自然也来救我，这不就是自救吗？有一个东西，因为不是我的，于是我不加爱惜，随意破坏，等到我要用的时候，不也没得用了吗？根据我的观察，外国人没有不讲公德的，所以国力强盛。比如在商业方面，他们童叟无欺，讲究诚信，所以人与人之间存在信任，不像中国的商人，无商不奸，没有人敢来买东西，这样一来，商务这方面不就让他们占先了吗？各位，为人就是为己，为己却是绝对不能有利于自己的。如果还是执迷不悟，不讲公德，只讲自私，只怕不用别人来消灭我们，我们自己就要把自己消灭了。

第三要，重武备，能战能守。

各位，请看今日之世界，是什么样的世界？这是一个弱肉强食的世界！你看这世界各国，又有哪一个不重视武备呢？外国所有的男人，只要到了二十岁就要服兵役，即使是王子也不例外。假如不当兵，就算是出身贵族也没有地位。这士兵的社会地位比中国的举人、秀才还要高一些。士兵们的礼义信用，比中国的道学先生还要强。这些士兵平日里训练如同作战，等到了两军对阵之时，就有进无退，不会畏惧。假如战死了，大家就都到死者家里庆贺，这家里的人也非常开心，全然没有半点伤心神色。假如士兵临阵脱逃，父亲就不把孩子当作孩子，妻子也不会把丈夫当成丈夫，因此就算是再小的国家也有几十万精兵，即使强国兴兵来犯也岿然不惧。反观中国，则是"好儿不当兵，好铁不打钉"，把当兵看作是一种极下等、极低贱的职业，平时没有半点训练，等到开战的时候，老婆哭泣孩子叫喊，恐怕就不能还乡，这些士兵还一路上奸淫掳掠，见到敌人拔腿就跑——各位，你们看看外国兵的样子，再看看中国兵的样子，又怎么能不有败无胜呢？假如仿照外国的样子，人人当兵，将一切积弊都一扫而空，那真是不能想象了。

第四要，务实业，可富可强。

各位，中国从前都把手工业者当作下等人物来对待，却不知道列强的富强都是从工业来的。现在的中国穷困极了，没有人来造枪炮，这又如何能和列强抗衡呢？没有人造的工业机器，又如何能把我们在通商中丧失的权利争取回来呢？铁路、轮船、矿务都可以富国，假如没有人学习这些专门的知识，又该如何去办呢？各位，你们家里有子弟的，为什么不抓紧送出去学习实业呢，不过花费一两千金，立刻就可以大富大贵，并且对国家大有好处，何乐而不为呢？

第五要，兴学堂，教育普及。

各位，各国的教育咱们之前已经讲过了，中国现在要是还不大建学校，那可真是没有救啦。

第六要，立演说，思想遍扬。

各位，演说是打开风气的最重要的办法，外国只要有三四个人就要演说一番，想要救国，这是必须要有的。

第七要，兴女学，培植根本。

各位，女子无才便是德的歪理邪说，可真是害人不浅！外国女子的学问和男子一样，所以能够相夫教子，有益于社会发展；而中国的女子一点知识都没有，丈夫、儿子不仅不能从中受益，反而遭到不少阻挠，往往有雄心壮志的人，竟然意气都被爱妻慈母消磨，男子的半生都会在女子手里。女子无才，根本坏了，又怎么能培植出好枝叶呢？

第八要，禁缠足，敝俗矫匡。

缠足的害处，已经有很多人说过了，不用再说。但是中国已经大难临头，倘若我们再不把这些恶俗纠正，这不是自寻死路吗？

第九要，把洋烟，一点不吃。

西洋人祸害中国人最深的莫过于洋烟。然而洋人自己是不吃洋烟的，这能够怪洋人吗？吸烟对于身体明明是有损无益的，假如这都不能戒除，那可就没什么话可说了！

第十要，凡社会，概为改良。

各位，假如我们不把社会上所有的不良现象都加以改良，先不说能不能和外族人抗衡，就算是没有外族，又该如何自立呢？外国人的优秀，不是一两个人的优秀，而是全国的优秀，假设一个家庭里面只有一两个优秀者，其他人都是无恶不作，那么这个家庭又该如何兴旺呢？各位，按照现在的，只怕是万事皆休的境况，真是让人痛心啊！

> 这十件事，没有一件，不是要紧；
>
> 我劝同胞，再也不可，迟疑观望；
>
> 更还需要，把那生死，彻底看透；
>
> 痛杀外敌，保护同胞，效命疆场；
>
> 杜兰斯国，尚不及我，一府之大；
>
> 鏖战英国，三年之久，齐心决死；
>
> 任凭列强，何等强国，也不敢当！
>
> 近来一看，畏惧洋人，到了极步；
>
> 这就是我；丝毫未曾，度短量长；
>
> 天下之事，最是恐怕，不肯去做；
>
> 断然没有，欲求不得，有志难偿；
>
> 杜兰斯国，岂非就是，最好凭证；
>
> 难道我等，尚不如他，甘做庸常！

各位啊，你们以前听到"洋人"二字，就心中焦躁，面色赤红，恨不得一拳将他打死，然而却不知道洋人强在哪里，只是凭着一腔热血去做。我曾经劝道："不要无理取闹，免得惹出祸来，没有人能够承担责任。"然而，最近却变成了畏惧洋人的世界，见到洋人就说"洋大人""洋老爷"，预先在心中存了一个做"顺民"的意思。各位啊，我们以前的行为（指的是火烧教堂、杀死教士）虽然有一些野蛮，总还是有一点勇气在的，可是按照现在的情形，就是做了一次奴隶还不够，还要做第二次奴隶！真是值得痛哭！

这也不过是因为打输了几场战争，于是把洋人看得很高，其实洋人也不过就是人罢了，也不是有三头六臂，怎么能说对付不了呢？近年来有一则故事，各位听了，就知道没必要畏惧洋人：非洲南部有一个小小的民主国，叫做杜兰斯，国土仅有中国的几个府那么大，人口也不过四五十万，不足中国的一个县。该国生产黄金，而世界最强国家英吉利习惯了毁灭别人的国家，又怎么会不起贪心，想要占据这块地方。然而，杜兰斯国的人民个个是顶天立地的男子汉，不甘心做别人的努力，于是和英国宣战。英国是灭过很多国家的大国，哪里把一个小小的杜兰斯国放在眼里呢，于是慨然迎战。谁知道，杜兰斯国越战越猛，势不可当，连连打败英国的殖民军队。大惊之下，英国调集了各殖民地的军队总共三十万，浩浩荡荡地向杜兰斯国进发。可怜那杜兰斯国总共兵力不足四五万人，于是全员汇集，分头迎敌，足足和英国鏖战三年都没有退让。英国知道不可能毁灭杜兰斯国了，于是和杜兰斯国退兵讲和。

各位啊，英国的殖民地比本国大六七十倍，假如个个都是杜兰斯国，英国有可能占据他们一块土地吗？中国的人口比杜兰斯国多一千倍，假如按照杜兰斯国的比例，英国想要毁灭我们需要调集三万万兵力，和我们打三千年才能讲和——杜兰斯国都是如此，我们就不能成为杜兰斯国吗？"世上无难事，只怕有心人"，这两句话难道诸位未曾听过吗？

要学那，法兰西，改革弊政。

各位，你们看现在谁不称赞法兰西人民享受民主自由的权利，非常幸福。可是谁知道，在两百年前，法兰西人民也曾和中国人一样遭受昏君贪官的压制呢？法国总共不过有中国的一两个省那么大，然而却有贵族家庭十三万户，他们和国王狼狈为奸，把人民像泥土一样糟践凌辱。明朝年间，法国出了一位大哲学家名为卢梭，是上天降下来拯救人民的（这里为了号召人民有一点封建迷信的意味），自小就养成了扶弱抑强的志向。等他长大，写了一本《民约论》，中心思想是国家由人民组成，大家选出一个国王为人民执政，人民才是一国的主人，国王是人民的公仆。假如国王所作所为对不起人民，那么人民就可以任意调换。法国人民起初也把国王当作国王，把自己当作奴隶一样对待，任凭遭受了怎样的凌虐也都不敢违抗埋怨。然而，在听闻卢梭的言论之后如梦初醒，开始向国王争取自己的权力。国王虽然极力镇压，把进步人士屠杀了很多，但是这些人越来越多，一连发动了七八次革命，前后延续数十年，最后终于把坑害人民的国王贵族杀得一干二净，建立了共和国政府，公选出首相为民服务，七年一换。而又把立法权归到众议院，议员都从民间选举。这样一来，从前害民的弊政都一扫而空，政府施行的都是有利于人民的善政，法兰西人民的自由平等得到了保证。

在这时候，法国人民感激卢梭的功劳，在法国首都巴黎为他铸造了一个大大的铜像，接受万民瞻仰，这难道不值得羡慕吗？

要学那，德意志，报复凶狂。

各位啊，"有恩不报非君子，有仇不报枉为人"，这两句话不是我们经常谈论的吗？那么再看我们的国恨家仇报了没有？不但没有报，就算是报仇的心思有没有呢？这个德意志就和我们不一样，法国的皇帝名为拿破仑一世，仗着自己的军事力量残害德国。而德国皇帝威廉一世和宰相俾斯麦卧薪尝胆，意图复仇，采用了全民皆兵的制度。男子到了二十岁，要在军队服兵役三年，之后就是预备役，等到了五十岁才会免除兵役。就这样实行了几十年，人人都是精锐的士兵。到了咸丰年间，德国在"普法之战"中将法兰西打得落花流水，拿破仑一世的侄子拿破仑三世不得不和德国投降求和，赔款五千兆法郎和七座城市，德国于是成为世界大国，这不是很值得佩服的吗？

要学那，美利坚，离英自立。

各位，你们看在这世界上，最平等、最自由、堪称极乐世界的国家不是美利坚吗？各位，你们要知道，这个极乐世界也不是那么容易建立起来的。这美利坚原来是北美洲的一块荒地，等到了明朝年间，英国有殖民者到了那里开荒，后来越来越多，到了乾隆年间有了三百万人。当时英国与法国连年战争，因为军费不足，将美利坚的赋税一再调高。美利坚的人民因为承受不起税负，向政府要求减税，谁知不但不得到允许，还有很多人受到牵连。正是因此，美利坚人民义愤填膺，约好离英自立，公推华盛顿担任最高领袖，与英国打了八年仗。英国奈何不了美利坚，只好听任美利坚独立。胜利之后，大家公推华盛顿为国王，华盛顿却坚决不接受，说："怎么能把大家艰苦奋斗建立起的国家变成一个人的私产呢？"于是他们确立了民主联邦的制度，将全国划分为十三个邦，由这十三个邦公推总统，每四年一任，退任后地位和平民一样。这个人如果干得好，可以再干四年，八年之后，无论如何不能再留任。

在大家公推华盛顿担任总统之后，华盛顿又担任了一任总统，之后就住在家里务农，终生没有说过居功的话。各位这难道不是大豪杰、大圣贤的行为吗？美利坚直到现在还坚持这种制度，人口有七千多万，土地还有五分之四未曾开垦，全国铁路有十六万公里，每年教育经费有八千多万，人民的生活好像在天堂一样。各位，若不是美利坚的先人历经了八年苦战，又怎么会有今天的幸福生活呢？

要学那，意大利，独自称王。

各位，这意大利原来是统一的大国，后来被奥地利占领，变成了无数个独立的小邦国，统一受奥地利的管辖。有多少爱国志士意图统一国家，都没有做成。几十年前，有一位爱国志士叫马志尼，因为故国毁灭，终生都穿着丧服，著书立说，警醒世人，鼓动全国人民报仇复国，所有人都被他感动。还有一个精通韬略的加里波第，智慧过人的加富尔，辅佐撒丁王统一了意大利，脱离了奥地利的管束。于是，意大利现在人口三千万，海陆精兵五十多万，算是欧洲的一线强国，这岂不是这三位豪杰的功劳吗？

莫学那，张弘范，引元入宋。

各位啊，你们看好好的中国却被最丑陋、最低贱的元鞑子灭亡，谁不痛心疾首而咬牙切齿呢？哪里知道这就是人面兽心的张弘范带领元兵灭的。这张弘范就是把他千刀万剐，也不足以弥补他的过失！但是恐怕现在想做张弘范的人不少，但是何苦为了一时的富贵忍受千古的骂名呢？就是为了毁灭清朝朝廷，也只能经由我们的手来做，万万不可借助西洋的兵力，那就是前门驱虎，后门进狼的下下策，诸位千万不能做。

莫学那，洪承畴，狼心毒肠。

各位啊，奸邪的人见到美貌女子无不是花言巧语，百般引诱，可是等他得手，他又会嫌弃人家是不贞洁的女性，于是存了鄙夷的心思。而强盗夺去了别人的国家，也是这个情形。他要别人投降，也是用高官厚禄哄骗，可是等到投降了，又要说人家不忠。比如洪承畴是明朝的大学士，统帅天下兵马征讨满洲，结果大败亏输，被满洲捉去。洪承畴起初也不想投降，满洲人苦苦相劝，于是他就变节叛变，成了满洲的阁老，还为满洲人捉住了南明的福王、唐王、桂王。谁知道满洲的统帅个个都得到了封王赐爵的赏赐，唯独洪承畴虽然灭亡了明朝的江山，却没有得到任何爵位。等到了乾隆年间撰写《明史》，还把洪承畴放在贰臣传（不忠的臣子）的第一位。各位，如果洪承畴死后知道了这事，难道不会埋怨自己当初的决定吗？

莫学那，曾国藩，为仇尽力。

各位啊，在那道光、同治年间，我们汉人还有一个很好的自立的机会，谁知道那没有心肝的人只知道为满洲人出力，以至于功败垂成，这不就是说的湘军统帅曾国藩吗？我想曾国藩也是一个很诚实的人，只是被数千年来的陈腐学说耽误了，不知道有本族、异族的区别，这也不能怪他。只可惜曾国藩辛苦十多年，杀了几百万同胞，却仅仅得到一个侯爵的爵位，而那些八旗子弟，不花费任何力气就能得到王爵，不是亲王就是郡王。而且曾国藩刚刚立功就被削了兵权，一辈子不曾入主中央，仅仅当了个两江总督，还处处受人压制，这是多么晦气！

假如他当初知道我们的世仇是不能不灭的，顺便将清朝毁灭，那么天下都是我们汉人的，现在曾国藩的子孙都是中国的皇帝，而湘军的统领也都是元勋，这不是皆大欢喜吗？各位，你们说可惜不可惜！

莫学那，叶志超，弃甲丢枪。

各位，对于自己人不可以为了清政府屠杀同胞，但是对于外族人却又不能不为了同族人杀外族人。日本和我们在朝鲜国开战，淮军统领叶志超，带着数十营兵马不战而逃，以至于朝鲜尽失，赔款日本两万万两白银，台湾也割让了出去，中国自此一败，就沦落到这个地步，他岂不是罪魁祸首吗？

　　　扫出外地，革命而死，舍生而做；

　　　子子孙孙，孙孙子子，永世不忘；

　　　这个目的，总有一日，自然达到；

　　　纵使不成，也落一个，万古流芳；

　　　有文天祥，有史可法，为国死节；

　　　到了如今，个个被人，顶祝馨香；

　　　越是怕死，越是要死，死终不免；

　　　舍得小家，保全大家，家国两昌；

　　　那元鞑子，屠杀国人，千八百万；

　　　那满洲人，杀戮我们，四十星霜；

　　　血洗扬州，洗劫嘉定，天昏地暗，

　　　人民束手，跪行膝步，枉作天殃；

　　　看阎典史，据守江阴，当场鏖战；

　　　八十多日，城池才破，清兵半伤；

　　　假如当日，全国千县，都打死仗；

　　　满洲军队，纵然凶狠，也不够亡；

　　　可惜人民，贪生怕死，望风逃散；

遇见敌人，就如同那，雪见太阳；

或是悬梁，或是投井，填街塞巷；

妇女黄花，都被掳去，拆散鸳鸯；

丁壮男人，编入旗下，充当苦役；

生生世世，不得自由，赛过牛羊；

田地被占，圈成牛场，八旗享受；

还有房屋，充作共产，变了旗庄；

还要我们，一十八省，完纳粮饷；

养着他那，五百万人，踊跃输将；

这看起来，留得性命，有何好处？

倒是不如，做了雄鬼，为国之光。

　　各位啊，你们看元朝入侵以来，前前后后一共杀了一千八百万人，这都是有据可考证的，而那些无据可考的，不知道又有多少。假如这一千八百万人都知道这一死是不可避免的，都奋起抗争，这元朝只有几十万人，就是十个拼死一个，也不过是死几百万人，元朝也就灭绝了，又怎么能毁灭中国呢？就算是清朝，自从明朝万历年以来，在辽东一带侵扰已久，杀的人已经不少了。自从顺治元年到康熙二十二年，一共四十年，没有一时一刻不是在杀汉人。扬州城有八十万人，天下一千六百座城，照此算来就可以想象了。想在中国人口四万万，明朝休养生息三百年，也一定达到了这个数目。康熙年间统计人口数目有两千多万，也就是中国人二十个人只剩下一个，其中一小半是张献忠、李自成两个叛贼杀的，各位，你们说凄惨不凄惨？

这些人都不是在战斗的时候被杀的，而是人人都怕死都想着逃走，个人只顾个人，于是满洲杀了这边杀那边，没有受到任何阻挡。仅仅是江阴县有一个阎典史，名叫应元，他纠集了数百民兵，死守县城。而满洲人集合了二十五万兵马日夜攻打，阎应元随机应变，奋勇抗争，满洲军队死了不计其数。这次战斗一共持续了八十多天，江阴城才被攻破，阎应元手持大刀在巷子口血战，在杀了几百个鞑子才被活捉。满洲人苦苦劝他投降，许以王侯的富贵，阎典史却只是骂不绝口，坚决不降。满洲人不敢杀他，只是将他关在一个寺庙里，阎应元在夜里却自杀了。

江阴城全城的人都壮烈战死，没有一个投降的，而满洲自从进入中国，从来不曾损兵折将，这次却战死了一个亲王、两个贝勒以及十多万士兵。各位，假如人人都是阎应元，县县都是江阴县，满洲怎能入主中国呢？只可惜人人怕死，所以这一死万万不能免去。而那些没有被杀死的妇女都被满洲人掳走，任意奸淫，有钱的可以赎回去，没钱的就永远不能相见。丁壮被赶到北方，交给八旗人当奴隶，连牛马都比不上；如果有私自逃跑的人，只要藏匿逃奴一晚上，就要杀死全家，很多时候就是因为一个人而株连了数千家。北京方圆五百里之内，都圈作八旗的土地，从前的人都要赶出境内，房屋一概充公，作为旗庄。此外，满洲还要十八省的人供养五百万旗人，旗人至今不当农民、不做工，只是剥削汉人。各位，这不是可恨之极的吗？

这些事情，虽然过了，难以深讲；

我只恐怕，将来残酷，百倍萧凉；

怎奈有人，把这生死，仍看不透；

说到要死，就是会要，魂魄失丧；

任是同胞，都要杀尽，只图幸免；

哪里晓得，这是一死，终不能禳；

也有人说，这是气数，不关人事；

也有人说，这是积弱，不可轻尝；

这些混话，就如同是，痴人说梦；

退那一步，进那一步，坐待消亡；

那些满人，到了今日，势消力小；

全然不要，半点惧怕，失了主张；

欧美列强，纵然就是，富强无敌；

他是客人，我是主人，倒也无妨；

只要我们，一众同胞，认清种族；

只要我们，一众同胞，发现天良；

只要我们，一众同胞，不帮别人；

只要我们，一众同胞，不杀同乡。

　　各位啊，满洲人不过是我们的百分之一，又怎么能压制汉人呢？都是因为有的人不清楚汉人是同祖的骨肉，满洲是异种的深仇，他们倒行逆施，为仇人残害同种同胞，是以满人才能安然地做了两百多年的天下。这哪里是满人有本事，其实是我们汉人太过愚蠢。试问，哪一处的祸乱不是我们汉人代他平息的呢？假如我们汉人都清楚种族的界限，把良心都拿出来，不帮满人，只要大家一喊，满人的江山就坐不稳了。各位，你们知道家里有家的帮派，族里有族的帮派，县有县的帮派，府有府的帮派，难道说对于外族就没有帮派吗？假如有人让各位把自己的兄弟杀死，不论给你多少金钱你也是不愿意的，又怎么能为了几两银子而甘心为了仇人杀害同胞呢？各位，试问良心还在不在？

假如满洲人需要杀人了，就叫各位来，不需要杀人，就不要各位了。各位有半点错误，他就叫人来杀各位，而各位所吃的粮食，虽说是满洲人赏赐的，其实都是汉人种植的，不然又怎么会有粮食吃呢！吃了汉人的粮食还要杀汉人，各位能够接受吗？

各位，假如现在替同族人杀了异族，又有谁不会感激你的功劳呢？各位，各位，之前做错了的，现在可以改正了，至于说为了万里之外的洋人杀害同胞，那更是不用说绝对不能做的了。

> 哪里怕他，枪炮如林，弹如雨下；
>
> 哪里怕他，将领众多，兵又精强；
>
> 哪里怕他，专制政府，层层束缚；
>
> 哪里怕他，天罗地网，处处高张；
>
> 凶猛睡狮，梦中惊醒，朝天一吼；

百兽皆惊，龙蛇退走，魑魅逃藏；

修改条约，恢复政权，完全独立；

洗雪前耻，驱除外族，复我冠裳；

到了那时，齐声高叫，中华万岁；

才是我们，中国人民，气吐眉扬！

我小子没什么好话可以奉劝，只有这一篇话，希望大家仔细思量。

瓜分豆剖的形势紧紧迫来，人种沦丧同种残杀确实可哀；

又叹息万里神州大势去矣，劝君猛然惊醒更是不要徘徊！

匈奴没有消灭，成家立业有什么用呢？

《警世钟》

"长梦千年何日醒，睡乡谁遣警钟鸣"，这可谓是《警世钟》中的千古名句。毛泽东在 1936 年和美国友人埃德加·斯诺的谈话中，曾回忆了少年时代读的一本对自己影响最大的书，说："这本书谈到了日本占领朝鲜、台湾的经过。我读了以后，对国家的前途感到沮丧，开始意识到国家兴亡，匹夫有责。"这本令毛泽东嗟叹不已，由此树立远大抱负的书就是陈天华所著的《警世钟》。

在书中，陈天华讲述了印送《警世钟》的缘起：

中国，是一个大大的死海，深广约有千寻（航海单位，约六英尺），若是没有排山倒海而迅猛无比的巨浪是不能给予中国任何震荡的。自从甲午战争以来，中国人的情感受到严重伤害，就有两三个志士奔走呼号，为了中国的崛起而费尽唇舌，然而任凭他们口干心累，而社会中上层仍然没有几个开明的人，一百个人里面没有一两个，更何况是下层社会呢！

对于今天的时局，就是不同国家之间、国民与国民的竞争，如果不是人人都有国民思想，那么就一定不能有和对手争胜的机会。而想要让人人都有思想，没有教育是不行的。而教育的效果想要显现出来，长则百年，短的也要四年。现在患痛已经到了肌肤上，又如何能等待呢？想要得到救急的办法，就一定要从多印通俗书籍开始。坊间刻印的有《猛回头》《警世钟》《黑龙江》等；而通俗的报纸则有《中国白话报》《小说报》，都是很有价值的书籍。本社的工作人员一开始打算将《猛回头》等数各印送数十万份，而把《中国白话报》《小说报》印送数百份。然而，因为资金不足，只能印送《警世钟》一万部，购买赠送《中国白话报》一百份，其余书籍只能等资金充裕之后再行。在我们还没印完的时候，就接到内地各处来信，说这本书已经翻刻了几十个印版，册数以百万计，可见已经有人抱有同情了。我们还希望那些有启发民智责任的人，将这种书多刻多印，其中的功德比之用血写藏经的人多了不知多少，又怎么能用一般的阴骘文来比较呢？

这本书言辞简单而语意锋利，感情热烈而是非分明，慷慨激昂而有条有理，可谓是民近代革命宣传的顶峰之作。

全书开篇以七言律诗开头：

> 长梦千年何日醒，睡乡谁遣警钟鸣？
>
> 腥风血雨难为我，好个江山忍送人！
>
> 万丈风潮大逼人，腥膻满地血如糜；
>
> 一腔无限同舟痛，献与同胞侧耳听。

翻译成白话文大意是：大梦一千年应该何时苏醒，沉醉梦乡又有谁让警钟长鸣？腥风血雨让我无比痛苦难耐，偌大的壮丽江山又怎么忍心送人呢？列强侵略万丈风潮咄咄逼人，腥膻满地鲜血积累就如糜广布一般；心中满是一腔同舟共济的痛苦，献给同胞还请各位请侧耳聆听。

在那个文言文风行的时代，陈天华能够大胆使用白话文，让《警世钟》以说唱文艺形式出现，这也是一种可贵的移风易俗的举动。文章开头，作者就发自内心地惊呼国破家亡的惨景即将来临："嗳呀！嗳呀！来了！来了！甚么来了！洋人来了！洋人来了！不好了！不好了！大家都不好了！……从今以后，都是那洋人畜圈里的牛羊，锅子里的鱼肉，由他要杀就杀，要煮就煮，不能走动半分。唉！这是我们大家的死日到了！""苦呀！苦呀！苦呀！我们同胞辛苦所积的银钱产业，一齐要被洋人夺去；我们同胞恩爱的妻儿老小，活活要被洋人拆散：……枪林弹雨，是我们同胞的送终场；黑牢暗狱，是我们同胞的安身所。大好江山，变作了犬羊的世界；……唉！好不伤心呀！"可谓是触目惊心，直指人心，读之使人感觉到危机已来，灾难深重，唯一的出路就是奋起抗争，为了国家的命运献出自己的一腔热血。

然而，这一切的灾难、这一切的困苦与折磨又是从何而来呢？我们中国人又为什么从伟大的文明古国变成了如今的"东亚病夫"，成了洋人眼中的"四等公民"呢？作者立即点出根子就在于腐败落后而不思进取的清王朝，就在于那些骑在汉人头上作威作福而不事生产、没有对国家产生半点作用的旗人。

接着，作者旁征博引，引用多个史实说明中国已经变成了列强嘴里的肥肉，中国这个物产丰富而人口众多的大国已经成了列强掠取资源倾销商品的地方，中国的人民已经成了列强的牛马，不仅劳动果实要被掠夺，不久之后还有可能为列强做牛做马，乃至于被驱使着服兵役，父子相残、同胞相杀。

在点出清朝已经变成了"洋人朝廷"这个"石破天惊"、在当时尚属首次的根本性问题之后，作者随即说明自己的论点想要解决问题，必须反封建，反清朝，而想要反封建就必须反对帝国主义！

作者又用大量的历史事实，指出中国这块肥肉，正被一群豺狼围住撕扯着、吞咽着，中国被豆剖瓜分了；满洲政府已是"洋人朝廷"了。清政府已成为"洋人朝廷"这个根本性的问题，这是陈天华最先公开指出的。真是"石破天惊"，这个观点的出现，在爱国人士中立即产生了巨大的影响，并形成一种新的觉悟——反封建必须反帝。

那么该如何应对列强的侵略呢，作者满怀着饱满的革命热情和炽烈的爱国之心，用铿锵有力而不容置疑的文字指出，必须万众一心、齐心杀敌。"洋兵不来便罢，洋兵若来，奉劝各人把胆子放大，全不要怕他。读书的放了笔，耕田的放了犁耙，做生意的放了职事，做手艺的放了器具，齐把刀子磨快，子药上足，同饮一杯血酒，呼的呼，喊的喊，万众直前，杀那洋鬼子，杀投降那洋鬼子的二毛子。满人若是帮助洋人杀我们，便先把满人杀尽；那些贼官若是帮助洋人杀我们，便先把贼官杀尽。"这种"手执钢刀九十九，杀尽仇人方罢手"的痛快淋漓与毫无畏惧，表现出陈天华对于国家的无限热爱以及对于侵略势力的无比痛恨。

为了消除国民对于列强洋枪洋炮的畏惧，陈天华引用了夏朝少康、田单复齐、杜兰斯国痛击英国、日俄战争、楚汉相争、湘军平定太平天国等一系列以少胜多、以弱胜强的战例说理，层层铺排，逐层递进，文辞贯通，可谓是无比畅快淋漓！

不仅如此，陈天华还号召人民去掉"东亚病夫"的帽子，注意锻炼身体，强壮体魄，以便杀敌报国、以身许国。

为了给人民的努力指明方向，陈天华恳切地提出了十条须知：第一，须知这瓜分之祸，不但是亡国罢了，一定还要灭种。第二，须知各国就是瓜分了中国之后，必定仍旧留着满洲政府，压制汉人。第三，须知事到今日，断不能再讲预备救中国了，只有死死苦战，才能救得中国。第四，须知这时多死几人，以后方能多救几人。第五，须知种族二字，最要认得明白，分得清楚。第六，须知国家是人人有份的，万不可丝毫不管，随他怎样的。第七，须知要拒外人，须要先学外人的长处。第八，须知要想自强，当先去掉自己的短处。第九，须知必定用文明排外，不可用野蛮排外。第十，须知这排外事业，无有了时。

　　随即，出于满腔报国之心，陈天华还提出十条奉劝：奉劝做官的人，要尽忠报国；当兵的人，要舍生取义；世家贵族，毁家纾难；读书士子，明是会说，必要会行；富裕的人，舍得出钱；穷人，舍得出力，不怕丢失生命；新、旧两党，各除意见，共抵外侮；江湖朋友，互相联络；教民当以爱国为主；妇女必定也要想救国。

　　写到这里，作者情感到达了极致，以几近癫狂而充满激情的语调放声高呼，要求中国人团结起来共同挽救国家"醒来！醒来！快快醒来！快快醒来！不要睡得像死人一般。同胞！同胞！虽然我知道我所最亲最爱的同胞，不过从前深处黑暗，没有闻过这等道理。一经闻过，这爱国的心，一定就要发达了，这救国的事，一定就要担任了。前赴后继，百折不回，我汉种一定能够建立个极完全的国家，横绝五大洲。我敢为同胞祝曰：汉种万岁！中国万岁！"

第四章 出师未捷

策划起义

1903 年（光绪二十九年）10 月，就在陈天华的《警世钟》尚未完全脱稿之际，生性贪婪而侵略成性的俄国沙皇尼古拉二世悍然宣布单方面终止与中国有关东三省问题的谈判，更加令人气愤的是，俄国在此派兵侵占中国奉天省城，还限令中国官员在一个月之内必须出境。于是，俄、日两国瓜分中国的步伐越发加快。

就在这种情况下，爱国志士理应用尽一腔热血与满怀抱负努力报国，不应该畏葸不前而逡巡不已，说的与做的大不一样。然而，平日里有些将"民权革命""平等自由"等话语当作口头禅来讲的"爱国志士"此刻却如同哑巴一般，非但不再提革命救国，甚至连时事都不加以评论了。

所谓"疾风知劲草，板荡识诚臣"，只有在最危难、最紧急的关头才能看出一个人的根性如何，是忠诚，是奸邪，是伟大，是渺小，危难是最好的试金石。

愤怒的陈天华找到了这些人，带着迷惑与不解，又带着几许希望地问："你们为什么不奔赴内地，实现你们平日所抱的主义？"

说一套做一套的小人最擅长的就是给自己的行为找借口，为自己的不作为找理由，这些人根本没有半分羞愧，反而理直气壮地回答："我们现在学问不够、知识不足，还不足以回去办事。"

陈天华又问："那你们这学问、知识又什么时候才够呢？"

答曰："最迟十年，早则五六年。"

问题已经很清楚了，这些人不是"学问不够、知识不足"，而是"贪生怕死，口是心非"，倘若现在不是要他们回去舍身报国，而是高官厚禄、香车美女，他们就绝对不会"学问不够、知识不足"，而是"一心报国，学有所成"了！

愤怒之极的陈天华大声问道："你们可知道瓜分之期何日到？"

果然小人都是恬不知耻的，他们没有因为陈天华的追问有半分的不安，仍旧不紧不慢地回道："远则一年，近则一月。"

果然，这些人不是不明白事情的严重性，更不是不知道中国面临的苦难与危机，也不是不知道自己能够对国家带来怎样的帮助——他们就是不愿意去死，怕死，生怕不能学成归来取

101

得高官厚禄。

"等你们有了学问、有了知识的时候，只怕中国早就灭亡了，你们回去只能开追悼会了！"愤怒的陈天华没有再费力劝说这些人，因为他知道，有些人就是没有任何国家与民族的概念，骨头里缺乏钙质，谁能给他们金钱权利就是他们的雇主，又何必再浪费口水呢？

陈天华非常鄙视这种"口头革命派"，呼喊口号时比谁都响，表达决心时比谁都忠，抨击时政时比谁都狠，可谓是声势巨大、热情洋溢。可是真到了付诸行动、殊死搏斗的时候，这些人却退缩了、畏惧了，生怕不能留得小命享受富贵了！

陈天华决心以身作则，用自己的行动来证明自己的理论，他深深地明白，假如自己不愿意捐躯，又有什么资格劝说别人送命。他要回到国内，将先进的革命理论带回中国，他不愿意再在海外做一个宣传派，他要回到国内做一个实干派。写完《警世钟》，陈天华于1903年底立刻回国，回到了阔别已久的故乡。

回到长沙的陈天华与黄兴重逢，两人畅谈良久、通宵达旦。当时在长沙明德学堂任教的黄兴，借着庆祝三十岁生日的机会，于11月4日邀请秦毓鎏、章士钊、周震鳞等人举行秘密会议，决心建立革命团体华兴会，并且决定伺机发动武装起义，彻底推翻腐朽清朝的统治！听到新消息的陈天华异常兴奋，全身心地投入到华兴会的筹建工作中。

1904 年 2 月 15 日，黄兴与陈天华等人借着"除夕宴饮"的名义，在明德学堂董龙璋的西园寓所举行了华兴会成立大会。在会议上，陈天华与其他参会人员一致推举黄兴担任会长。接受了众人推举的黄兴发表了即兴演说，指出中国革命要想成功绝对不能采取首先在北京举事的做法，而是应该"雄踞一省""各省响应"；而湖南革命条件非常成熟，足以作为首义之区；同时，还应该派人分头到各省各界策动，以期群起响应，造就革命大业。

　　对于这一个相对成熟的革命策略以及会上众人一致通过的"驱逐鞑虏，复兴中华"的革命口号，陈天华表示无条件拥护。在进行会员分工时，陈天华除了承担宣传工作任务之外，还要负担策动群众和军队、参加起义的任务。

　　华兴会筹建之际，正值日俄战争爆发，国内外形势大为不同。陈天华于是利用日俄战争爆发后的新材料、新情况重新修订了《警世钟》。《警世钟》的增补本于这年的春夏之交开始印行，取得了良好的宣传效果。陈天华还为湖南的《俚语日报》撰写了许多文章，并亲自到各地进行演说。由于陈天华的宣传通俗易懂，直指人心，抛去了浮华藻饰而直指内心深处，因此动人心弦，感人至深。不论是"目不识丁"的大老粗还是文化水平较高的普通文人都被他的演讲打动，甚至还有人因此痛哭流涕。

　　与此同时，陈天华积极策动军界、学界参加武装起义。当时驻扎在江西吉安的清军巡防营统领廖名缙创办了一个随营学堂。廖名缙久闻陈天华的文名，却不知道陈天华就是《猛回头》《警世钟》的作者，就邀请陈天华这位归国留学生帮他建立这个学堂。陈天华立刻意识到这是一个策动军队的好机会，带着华兴会会员姚宏业等人一起赶赴江西吉安参加学堂。然而，陈天华的游说活动没有取得太好的效果，没能策动巡防营统领，而革命党人曹亚伯此时也在吉安向民众发表公开演说，散发《猛回头》《警世钟》的小册子，导致清朝官府非常重视华兴会在吉安的活动。于是，陈天华在吉安无处安身，只能返回湖南。就这样，几个月间，他冒着被清廷捕捉杀害的危险奔波于湖南、江西两省。

离开吉安的时候，陈天华得到了黄兴的消息。原来，黄兴组织了专门与地方会党联络的同仇会，成功地和湖南的哥老会建立了联系，更与哥老会的"龙头"马福益制定了在长沙发动武装起义的计划。他们准备在阴历十月十日，慈禧太后七十岁生日那一天用预先埋好的炸药，一举炸死在长沙万寿宫祝寿的全省文武官员，借机宣布长沙起义，与此同时，还将在浏阳、衡州、常德、岳州、宝庆五个地方同时起义响应。

他们商量好了，推举黄兴为同仇会的大将兼任会长，马福益担任少将。黄兴委派陈天华等人前往浏阳普积市举行马福益的少将授衔仪式。于是，陈天华化名为郑浩然，先是赶到了湘赣边境上的醴陵县城，暂住在关家巷何祠。在这里，陈天华又为黄兴提了很多关于革命以及同会党合作的意见。

9月24日，阴历八月中秋那天，普积市沿例举行了牛马交易大会，邻近村镇参加者多达数万人，其中绝大多数是会党中人。陈天华就在这一天赶到已经是人山人海的普积市，与马福益举行了秘密会晤，随即公开举行了授衔仪式。陈天华代表会长黄兴任命马福益为同仇会管理会党的少将，发给长枪二十支、手枪四十支、马四十匹。仪式庄严隆重而气势辉煌，观礼者众多。

经过商议，他们作出决定，只要大批军械能从上海运到湖南就可以提前发动起义。这次聚会声势浩大，对哥老会的会员起到了直接的动员作用。根据史料记载，在此之后相继加入同仇会的哥老会会员多达十万人。

声势浩大，参加者众，众志成城，斗志填膺，看起来事情都在朝着好的方向发展，似乎革命马上就能成功。

然而，华兴会的领袖们毕竟年纪太轻，缺乏实际起义经验，他们在准备起义的过程中犯下了很多错误。首先，他们过早地泄露了起义的消息，十分容易被清朝官府察觉；其次，他们发展会员过于草率，扩大组织太过匆忙，以至于混进来了很多别有用心者。在陈天华等人枕戈待旦地准备起义的时候，湖南官府早就得到了革命党人在普积市聚会的谍报。

当时担任湖南巡抚的陆元鼎大为惊恐，生怕真的让革命党人发动了起义，立刻派兵大肆搜捕革命党人。一时间，湖南全省风声鹤唳、鹰犬横行，大批革命党人惨遭杀戮、英勇牺牲，更多的革命志士只能匆忙离去，逃避外地。幸好黄兴与陈天华等人事先得到了消息才得以逃离湖南，没有落到清朝政府手中。

就在陈天华等人取道江西，一路费尽波折来到上海之后，陈天华于 11 月 7 日和黄兴、杨毓麟、张继等华兴会的成员在公共租界内的新闸路余庆里进行聚会。这些人虽然刚刚虎口逃生，却没有丝毫后怕担心畏葸不前的感觉。他们决心重振旗鼓，东山再起，不仅在租界内创办了启明译书局作为组织革命的秘密机关，还决定分头策动中国大江南北的军界、学界，到武昌、南昌等地发动武装起义。就在陈天华等人的不懈努力之下，不到十天的时间，华兴会声势复振。

然而，就在华兴会会员章士钊去巡捕房看望行刺卖国官员王之春而被捕的万福华的时候，不慎泄露身份，以至于华兴会的一个秘密机关被破坏，黄兴等十余人先后被捕，其他人不得不仓促撤离。

起义大计再次被破坏，陈天华悲愤异常，决心以死明志不再逃避。他正襟危坐，面色庄严，只等着外国巡捕前来抓人，义正词严地说："事不成，国灭种亡，等死耳！何生为！"大事不成，国家灭亡种族毁灭，都是个死，还活着干什么呢！

幸好，陈天华的朋友们不忍心看到陈天华自暴自弃，冒着生命危险劝说陈天华离去，留下有用之身以图再举，陈天华才不得不撤退到安全之地。

就在陈天华为了起义四处奔波的时候，《猛回头》《警世钟》已经在全国广为传播，无数人民因为这些书籍幡然醒悟、看清世事，决心奋起革命、努力抗争。清朝官吏此时也看到了这两本"震动全国"的"逆书"，试图以"苏报案"为借口大兴"文字狱"。他们在追查贩运"逆书"的人的同时，试图找出作者"群学会主人"以及"神州痛哭人"。而在华的列强侵略者们也非常恼怒，他们不愿意看到这些反对帝国主义的著作流传于上海租界，于是派出大批巡捕搜捕，试图将这两本书的作者置之死地。

假若陈天华此时再留在国内，无异于自寻死路，虽然他内心甘愿留在中国继续革命，但是经不住朋友们的一再劝说，陈天华于年底再次东渡日本。

加入同盟会

1904年底，陈天华在重返东京之后进入法政大学就读。虽然重回日本，与上次东渡只隔了一年时间，但是陈天华的心情却迥然不同。上次他还是朝廷特批的官费留学生，有着人人羡慕的前途；而现在他却是流浪海外的朝廷要犯，任何人将他送交官府都能拿到赏格。一年前他满怀信心而斗志昂扬，想着通过在这个已经富强起来的国家学到本事，回国为自己的祖国做出贡献；而现在的他却连遭挫败，深深认识到满洲统治的难以动摇，是以他开始深深怀疑自己的努力，质疑革命道路的前途与未来。

这也是人之常情，试问谁在失败之后不会有动摇与沮丧呢？又有哪个人不会因为事业的失败开始质疑自己所走的道路的正确性？于是，这位觉得前途渺茫的青年开始失望沮丧，变得神色憔悴、蓬头垢面，每当他和友人说到天下大事、国家兴亡，都难免动情号啕大哭。

就在革命党人试图通过暴力革命推翻清政府，实现国家强盛的时候，一些比较开明的清朝官员看到了人民群众日趋强烈的革命情绪和不断增加的革命风险，意识到清政府已经岌岌可危，于是向清政府提议实行君主立宪制度。而正在日本，也有一名叫邓孝可的四川留学生提出了实施君主立宪的六条意见。

1905年1月，日本报刊再次大肆散布中国即将被列强瓜分，中国将彻底沦亡的消息。陈天华心情苦闷而难以排解，被当时正在日本横滨主编《新民丛报》的梁启超邀请，带着一种"病急乱投医"的心情，去横滨会见了曾被他斥责为"最轻最贱"的保皇党领袖梁启超。不仅如此，之后陈天华还和梁启超多次书信交流，商议拯救国家的方法。

在梁启超等改良党的影响下，陈天华撰写了《国民必读》，虽然在其中多次抨击清政府的腐朽统治，痛击满洲贵族的残暴无能，却也要求人民去向皇帝、官府争取权利，要求立宪、立法。与此同时，陈天华还向中国留日学生会馆提交了《要求救亡意见书》，提出全体留学生选派代表回国的意见，决心"拼将一死"，要求清政府实行宪政、以救危亡。也就是说，陈天华决心只身前往北京，面见皇帝，直接向清政府上书。

这份《要求救亡意见书》一石激起千层浪，可谓掀起了轩然大波，在留学生群体中造成了很大的影响：大声疾呼反清革命的《猛回头》《警世钟》的作者陈天华竟然要在北京紫禁城的黄金龙椅、丹墀陛阶之下三跪九叩，跪求皇帝恩准"立宪"，这简直就是天大的笑话！这不仅仅会将《猛回头》《警世钟》的效果抹消大半，更有可能是给已经奄奄一息的清政府一个苟延残喘的机会，可谓是愚蠢之极！

大为气恼的黄兴、宋教仁等华兴会成员决心拯救这位一时迷路的同志，他们在1月底召开的湘西学会、湖南同乡会议上联合其他同学，要求"反对政府之说"，锋芒直指陈天华的言论。不仅如此，他们还在会上批评了陈天华的"突发奇想"，要求陈天华放弃这种不切实际的言论。

2月1日，看到效果不佳的黄兴与宋教仁又赶到陈天华居住的东新译社，与陈天华"大开谈判"，责备陈天华受到保皇党的蛊惑，改变了革命的宗旨，坚决反对陈天华北上请愿。

陈天华辩解说自己只是希望通过这种方式使得革命党渗入政界，以便日后起事，还说自己早知道向清政府请愿乃是没有结局的行为，但是自己"拼死北上，不拟生还"，本来就不打算活着回来，希望用自己的死亡断绝世人帮助清政府的幻想。

三人谈论很久，但是当日的辩论没有任何结果。直到第二天的晚上，经过黄兴、宋教仁的一再劝说，陈天华方才打消念头，不再北上。

在这之后，虽然陈天华继续参加宋教仁主持的《二十世纪之支那》的创刊工作，继续撰写自己从 1904 年底就开始动笔的革命小说《狮子吼》，然而仍旧是心情抑郁，不能排遣，可以说是沉痛至极。

就在一次饯别湖南留学生回国的酒席上，陈天华在席间一边放声痛哭，一边大声陈述波兰、印度亡国的原因，期间对照中国的实际情况，认定中国已经汇集了波兰、印度的弱点。说到最为伤心的时候，陈天华号啕大哭一声，竟然"仰倒在地，口沫交流"，让在座的宾客先是大吃一惊，随即相对大哭，好好的酒宴竟然变成了追悼会一般。

陈天华的心情是如此的苦闷，以至于他甚至产生了一死了之，不再过问世事，以免目睹中国灭亡的想法。他曾经真挚地对友人说："吾实不愿久逗此人间事也。"

幸好，陈天华的苦闷没有持续太久的时间，他很快找到了自己人生的方向，重新获取了奋发向上的力量。

到了 1905 年 7 月，有一个消息在日本的留学生中快速传播，很快人人皆知——久在欧美活动的孙中山先生即将抵达日本。久闻孙中山大名的陈天华早就希望能亲自见到这位大名鼎鼎的孙逸仙，假如能够亲自聆听教诲，也是不胜荣幸。

7 月 25 日，孙中山抵达东京，而他此行的主要目的就是和黄兴、宋教仁、陈天华等湖南同志商议大事，讨论他所领导的兴中会与华兴会的联合问题。

在会晤了黄兴之后，孙中山于 7 月 28 日来到《二十世纪之

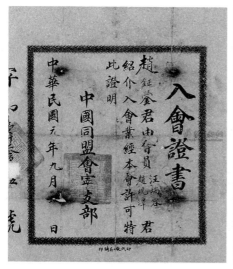

中国同盟会入会证书

支那》杂志社。陈天华也是在这一天第一次见到了这位蜚声国际的革命领袖。孙中山面容和蔼，英姿不凡，可谓是人中豪杰，使得陈天华一见就为之倾倒。谈及世界大势，孙中山侃侃而谈，强调了各革命团体实现联合的重要性。孙中山沉重地指出："中国现在不要担心列强的瓜分，只要考虑自己不要内讧。假如这个省要起义，那个省要起义，大家都要起义，彼此不相联络，自行其是，最后会成为秦朝末年二十余国的争斗，变得和元朝末年朱元璋、陈友谅、张士诚、明玉珍那样的割据局面。假如这时候各国趁机干涉，中国一定会灭亡了。"孙中山还说："假如现在有几十上百个人出面联络革命志士，主张反清革命，破坏掉从前的旧制度，建设新的民主制度，各行各业，方方面面都任用得当的人才，那么一经发难，就会推翻清朝、建立国民政府，天下大事就算平定了。"孙中山的一席话提纲挈领而意旨深远，很让陈天华着迷，他一直认定要实现全国人民的大团结，要"大家合作一个大党"，而孙中山更是能融合历史教训，洞察纷繁世事，将确立革命统一团体的必要性讲得清清楚楚，这让他心悦诚服。于是，陈天华断言，孙中山的确是四万万人民的代表，可谓中国英雄之中的英雄。

7月30日下午，孙中山召集了建立中国第一个资产阶级政党的筹备会议，兴中会、华兴会等团体成员以及其他革命志士共七十多人参加了会议。会上，经过讨论决定成立中国同盟会，通过了孙中山提出的"驱除鞑虏，恢复中华，创立民国，平均地权"的十六字纲领，孙中山当场起草同盟会盟书。陈天华参与了盟书的修改润饰工作，确定了盟书中的誓词为"当天发誓，驱除鞑虏，恢复中华，创立民国，平均地权。矢信矢忠，有始有卒，有渝此盟，任众处罚"。接着，他和黄兴、马君武等人被推举为制定同盟会会章的起草员。筹备会结束之后，陈天华积极起草同盟会会章，几乎天天和黄兴在一起，同吃同睡。在这一段发起、筹建同盟会的日子里，陈天华朝气蓬勃，意气风发，和数月之前以泪洗面、哭哭啼啼的样子相比简直判若两人。

经过孙中山、黄兴、陈天华等人的不懈努力，8月20日，中国同盟会在东京赤坂区灵南坂日本人坂本珍弥的住宅内举行成立大会，有超过一百人出席了这一具有深远历史意义的大会。会上，与会众人经过讨论修改通过了黄兴、陈天华等人起草的同盟会章程，还推举孙中山担任总理。孙中山在当选后任命黄兴担任执行部庶务，陈天华为书记部职员。

在当时，人民群众的革命情绪越发高涨，要求革命的呼声日益增强，各地革命团体如同雨后春笋般冒了出来，建立一个统一的全国革命大团体可以说是时代的要求。陈天华就是有鉴于此，以敏锐的目光认识到革命形势的客观需要，没有被小团体、小集体、狭隘地方主义等思想影响，坚决支持建立中国第一个资产阶级政党并且衷心拥护孙中山担任革命领袖，这不仅反映了他对于现实政治的敏锐洞察力，更表现出他从大局出发的宏阔胸怀。

至此，中国第一个全国性质的革命团体正式成立，这也标志着中国革命从一盘散沙的各自为战状态转变为并肩作战的统一状态。陈天华、黄兴等人的功绩将永远被历史铭记，成为中国历史上永垂不朽的英雄人物。

旷世论辩

就在中国同盟会成立，为中国的命运与革命形势翻到崭新一页的同时，穷途末路的清朝政府开始了自己的垂死挣扎。

所谓"百足之虫，死而不僵"，清政府虽然已经日薄西山，势力大不如前，然而仍有一些人为其鼓吹献策，其中就包括康有为、梁启超等资产阶级改良派。当时的清廷提出了"君主立宪"的说法来欺骗舆论，打击革命，还发动了以康有为、梁启超为首的"文化攻势"，不仅借着"君主立宪"的机会打击革命、污蔑革命者，还鼓吹君主立宪制度是中国的唯一生路。

因为康有为、梁启超等人的"海内人望"，有很多人受到蛊惑，开始对自己的道路产生动摇，而很多不明就里的人也被迷惑，开始持观望态度。

为了发动全国人民为建设民主共和国而不懈奋斗，刚成立的同盟会就面临着一个重大的任务：反击资产阶级改良派（所谓的"保皇党"）的虚假宣传，揭示中国革命的真正道路。就这样，革命派与改良派之间的大论战迅速爆发了。

改良派以梁启超主编的《新民丛报》为主要基地，同盟派则固守由《二十世纪之支那》改组来的同盟会机关报《民报》。

为了反击革命党的汹汹攻势，改良派们可谓是无所不用其极。梁启超发表了一篇奇文《中国历史上革命之研究》一文，在文中，他宣称中国历史上的革命与西方革命截然不同。中国革命，从来都是由野心家发动的政治手段，目的不过是实现个人野心，达成个人目的，不可能造福国家。他还说革命都会祸及全国，影响民生，乃至于祸患绵延数百年，社会崩溃，人口锐减，还可能带来异族入侵。在洋洋洒洒罗列了一大堆诸如此类的"确凿证据"之后，梁启超得出结论"革命者乃是灭亡中国的罪人"。

作为革命党的笔杆子，陈天华义不容辞地接下了反击梁启超的谬论的重任，他撰写了《中国革命史论》一文，在文中他热烈地颂扬革命是"救人世之圣药也。终古无革命，则终古成长夜也"，将革命比作拯救世界的圣药，还认为假如没有革命世界就会成为一片黑暗。陈天华还以历史事实来驳斥梁启超的谬论"暴君、污吏尚不敢视人民为犬马、草芥，正是唯恐引起革命。革命之后，后世的君主鉴于前代的倾覆，不得不采取一些绥靖政策，使人民的生活与革命前的深汤烈火时相比，有霄壤之别"。他明确指出革命是暴君和贪官污吏们还不敢做得太过火的原因，也是逼迫君主作出妥协让步的根源。基于这些论点和史实，陈天华掷地有声地给出结论：不是由人民直接发动的革命尚能如此造福于民，如果是人民主动发动的"文明"革命，给人民带来的幸福将是无可估量的！

好个陈天华，好个淋漓尽致的反驳！陈天华的反驳扣住了革命的意义和主题，借助历史事实给梁启超以强烈的回击，阐明了革命的作用和未来，可以说是警世洪钟。虽然这篇史论只写了前面两章，却已经将梁启超的"中国不可革命论"反驳得千疮百孔，不可再战。

改良派不甘心，又抛出了另一个奇谈怪论"中国人程度不够论"，声称中国人水平不够，只能实行君主立宪而不能建立共和国，而在梁启超的《中国人之缺点》等文章中，更说绝大多数的中国人没有"国家"概念，没有高尚的目的，"只能受专制，不能享自由"。

面对改良派恼羞成怒之下的逻辑混乱，陈天华给予了痛批，在题为"论中国宜改创民主政体"的论文中，他热情饱满地歌颂共和制度。近世研究政治的人们，只要不拘于成见，无不说"共和善"，中国人民如今推翻腐朽的清政府，所能建立的"最美最宜之政体"也只能是共和政体。不满足于单纯阐述共和的优势的陈天华又开始将炮火转向君主立宪整体的弊端："一个大民族形成的国家，人民之间应是完全平等的。君主立宪制度却使一人占有神圣不可侵犯的称号，使一个家族专擅国家的统治之权，这又有什么可歌颂的呢？"他还条分缕析、深入透彻地"解剖"了君主立宪政体的拥护者们的丑陋面目，指出他们是为了掌权的满洲贵族出谋划策，不是为了汉族的光复献计献力！陈天华嬉笑怒骂，痛击了中国人民"程度不够"因而不能共和的理论，认定中华民族的才能智力从来就不逊色于世界民族，只是因为暴君横行、贪官遍布才抑制了中国的发展！近年来，中国逐渐觉醒，人民智力开发，已经从睡梦中惊醒，即将奋发图强，建设国家，短时间内就可以超越欧美列强！

这篇论文短小精悍，说理辩证，气势滔滔，正气磅礴，十分透彻地说明了问题，可谓是经典论文。

眼看着康有为、梁启超等人在文化战线上支持不住，大惊失色的清政府派出了载泽等五个大臣出洋"考察宪政"意图迷惑人民，争取时间。改良派等人还抱有幻想，以为此举是立宪的先声，莫不额手称庆，以为"治世"即将到来。一位读过《警世钟》等书籍的革命志士吴樾洞察了清廷的诡计，以炸弹来"欢送"五位大臣出国考察，当场壮烈牺牲。这时候，上海的学堂、报馆竟然称这位革命烈士是"丧心病狂"，而对五位大臣表示慰问。

见到这种不分黑白情况的陈天华气愤之极，奋笔疾书、笔走龙蛇地写出时评《怪哉上海各学堂各报馆之慰问出洋五大臣》。在文中他愤怒地说汉族的学堂、报馆竟然会去慰问满族属下大臣的遇刺，简直是愚不可及。他认为，对于这些"满奴"的遇刺，应该拍案大叫"可惜他们没死"，而对于以身许国的革命烈士应该给予哀悼，率领全国的学堂、报馆召开追悼大会，而如今这些学堂、报馆行动却大大相反，这岂不是怪哉！

陈天华还说，这位壮士在准备牺牲之际毫无踌躇不前、逡巡不进的犹豫，而是毅然决然杀身成仁、奋不顾身，即使遍数中国历史也不多见，可以说是人中豪杰！他还以"狞鬼画皮"来讽刺清政府的所谓"预备立宪"，揭露出清朝政府派遣五大臣留洋不过是借着考察政治的名义，行掩盖天下耳目的事实，等到五大臣回国之后，用一二所谓"新政"加以粉饰，到时候清政府又能苟延残喘一些时日。

在这个改良派一边倒地责难吴樾壮士、社会上一片骂声的情况下，陈天华敢于仗义执言、挺身而出，不仅为同盟会阐明了对于刺杀五大臣的态度，还点破了清朝所谓"新政"的根底，可谓是立场鲜明、目光敏锐。

改良派梁启超很重视小说的作用，以为"小说有不可思议之力"，不仅亲自提倡立宪，更是创作了反对革命、赞扬立宪的小说《新中国未来记》，用以阻击革命的汹涌大潮。为此，陈天华加紧创作了革命小说《狮子吼》，借此机会宣传革命派的政治观点。

《狮子吼》以浪漫的文学化创作笔法热情歌颂了革命和共和制度，想象了革命爆发时的威武雄壮而势不可挡：经过百计号呼，十年茹苦，中国人民全都觉醒，"十万横磨（横磨剑，代指精锐士兵）如电闪，一霎入幽燕"，以极快的速度消灭了清朝的统治，建立了革命政权。"当时欧亚各国，见我辈革命军起，也有好几国想出来干涉，哈哈！入虎穴，得虎子，正我辈之素志，区区干涉，其奈我何！"经过与列强的坚决抗战，革命党人取得了战争的胜利，打得列强丢盔弃甲，溃不成军，而中国人成功收复国权，傲然独立。

文中，陈天华还充满憧憬地描写了中国革命胜利之后的伟大景象，诸如"街广十丈，都是白石，洁净无尘"这是道路宽阔，"街上的电汽车，往来如织；半空中修着铁桥，在上行走火车，底下又穿着地洞，也有火车行走。讲不尽的富贵繁华，说不尽奇丽巧妙"这是交通状况；而在"共和国图书馆"中，"书册不知有几十万册"，更有一册金字标题的巨书《共和国年鉴》称"全国大小学堂三十余万所，男女学生六千余万。陆军常备军二百万，预备兵及后备兵八百万"总之，陈天华浪漫地想象了革命胜利后的情景，充满了对于未来的信心。

经过陈天华等人的努力，孙中山亲自撰写了发刊词，《民报》创刊号于1905年11月在东京付印。创刊号共刊载了十七篇文章，陈天华一人就占了七篇之多，其中既有论文《论中国宜改创民主政体》，《中国革命史论》的第一章和第二章第一节，纪事《纪东京留学生欢迎孙君逸仙事》，时评《丑哉金邦平》、《怪哉上海各学堂各报馆之慰问出洋五大臣》以及号召全国人民团结起来抵御外侮的《今日岂分省界之日耶》，还有记述湖南新化县开明绅士生平的《周君辛铄事略》。

《民报》的诞生可谓是近代中国惊天动地的一件大事，不仅宣告着资产阶级革命进入一个新阶段，更标志着中国同盟会正式登上历史舞台。而《民报》所登载的一篇篇文章就如同射向清政府的一支支投枪，将这个苟延残喘的腐朽王朝牢牢钉死。陈天华在这场与改良派的大论战中勇于战斗、出言犀利，可谓是革命军中一员骁将。

慨然蹈海

自从中国同盟会成立以来，革命运动发展迅猛，革命形势日新月异，人民群众日益觉醒，海外留学生中同情革命乃至于亲身投入革命者越发增多，清朝的统治岌岌可危。此时清政府也认识到留日学生已经成为革命的一支骨干力量，成为革命运动的主力军，因此妄图加强对留日学生的管理控制。

1905年11月，在清政府的要求下，日本文部省颁布了《清国留学生取缔规则》，规定：中国留学生要进入日本的学校学习，以及转学、退学都要经过清朝政府驻日使馆的介绍或者同意；留学生的来往书信以及校外活动、宿舍都必须受到日本当局的监视；倘若一名留学生被学校以"性行不良"（即同情革命或者参与革命）开除，不得进入其他学校学习。

这一个歧视中国留学生，镇压中国学生革命的所谓"取缔规则"受到中国留学生的一致抵触。自从这所谓的条例发布，留学生们就开始策划一场反对"取缔规则"的群众运动。

陈天华在读了这所谓的"取缔规则"之后感到义愤填膺、怒火中烧，认定这是日本政府"剥我自由，侵我主权"的恶劣行径，是反对自由、遏制民主的行为，应当予以抵触。然而，他同时看到留学生中有很多类似金邦平①的人物，把留学看作自己升官发财的"终南捷径"，以至于中国留学生被外国人士讥讽为"学问未事，私德先坏"，造成了很恶劣的影响。

鉴于这种现状，陈天华唯恐留学生们不能一致对外、统一口径，故而对于这场还在酝酿中的"反取缔规则"活动没有采

① 金邦平，字伯平，安徽黟县人。青年时代的他虽然怀有进步思想，但在政治立场上，更倾向于推行君主立宪。因为对清政府还抱有希望，1905年大学毕业回国后，他参加了清政府主办的第一届留学生考试，因成绩突出被光绪帝钦点为留学生进士，但这"功名"却被革命青年陈天华笑骂为"奴隶"。

取积极的支持态度。当宋教仁等人要求陈天华撰写文章声援时，他回答说：我不能徒用空言来驱人发难，不愿意用空口白话来让别人去搞革命。

11月26日，日本学校张贴了限令中国学生在29日之前呈报原籍、住址、年龄、学历等情况的公告，触怒了几乎所有中国留学生。愤怒的中国留学生们纷纷要求罢课、退学，义愤填膺，情绪激动。然而，陈天华却以为罢课的后果极其严重，不会取得太好的成果，所以颇不赞成。但是，既然事已如此，陈天华觉得倒不如统一口径，全体一致，奋战到底，显示中国人的决心斗志。

陈天华心中本来还担心留学生不能做到团结一致，但是结果却让他大为惊喜：自从12月4日起，就读于日本全境的八千六百多名留学生同心同德，团结互助，先后集体罢课！这一行动使得陈天华喜出望外，他高兴地说道："中国留学生果然能够团结起来，我们向全世界证明了中国人不是一盘散沙，是最伟大的人民！"

然而，对于中国人民的伟大举动，却有很多日本报刊给予讥讽，他们群起攻击，谩骂、污蔑、造谣说中国学生是"乌合之众"，讥讽悲壮雄烈的长沙起义乃是"秀才造反，三年不成"。12月7日的《朝日新闻》竟然对中国学生的集体罢课原因阐述为"这大概是由于清朝留日留学生对于日本文部省命令解释太过片面而有所不满，加上中国人特有的放纵卑劣的性情所致，只有中国人的团结力太过薄弱"。

明明是出于爱国热情与团结品质而诞生的罢课行动竟然被说成是"性情卑劣"，这简直是赤裸裸的造谣与谩骂！

读了《朝日新闻》的无耻谰言，陈天华怒火万丈，大声怒骂："我国同胞果真是放纵卑劣的吗？我国同胞的团体果真是乌合之众吗？"陈天华认定"放纵卑劣"这四个字不过是日本奸邪小人和别有用心者的污蔑之词，不值得去计较。然而，现在留日学生总会的一些干事却不愿意承担领导这场运动的责任，而学生内部对于罢课还是回国也是意见不一，不能一致——倘若迁延日久，真的不能达成一致，导致这场"罢课运动"无疾而终，可就真印证了日本新闻的污蔑之词了！假如事情变得更糟，出现一两个叛变退缩的无耻小人，那就坐实了《朝日新闻》的言论，这将给中国留学生带来永远无法挽回的负面形象，中华民族也将被列强污蔑为下贱民族！

如何才能阻止这种现象的发生，又该如何警醒千万留学生呢？陈天华一向认定学生才是国家的主人，才是革命的主要力量，留学生更是拯救中国的最大希望，是以他认为假如留学生真的"放纵卑劣"了，那么中国真的就要灭亡，中华民族就真的要种族灭绝了！

陈天华一向不愿意"徒用空言来驱人发难"，认定了革命要从实事做起，是以不愿意再用空言文章来警醒世人，他毅然决定用亲身蹈海的代价挽救时事，拯救家国。

因为陈天华的逝去没有任何人见到，是以我们后人也不能上溯百年的光阴进行观察，但是我们却不妨合上眼睛，用心灵去点亮往日岁月的一盏明灯，照亮历史的阴霾，窥见这位革命英烈捐躯报国的慷慨决绝。

那是一个冬日的清晨，阴沉沉的天空一片银灰，即使是太阳刚升之时也没有多少光亮，显得压抑而又灰暗。陈天华起床，盥洗，读报，吃早餐，动作从容，面色如常。看起来，这好像是一个平凡的清晨，平凡得如同逝去的一万个日夜一样。

陈天华穿着一身黑色衬衣，披散着长发，昂首阔步走在宽阔的异国的道路上。他俊秀的眉宇间充斥着对于生的渴望与对未来的憧憬，脚下的步伐铿锵有力而充满韵律，浑然不似一个即将赴死的人。

陈天华去向一位朋友借了两块钱，语气从容，神色和缓，没有半分失色。朋友们以为陈天华只是借钱去排印昨日写的文章，所以都不在意，只是叮嘱小心安全。出门之后，陈天华漫步来到邮局，看了看邮局里的异族人民：他们一个个脸色或欣喜，或疲惫，或愤怒，却没有半分犹豫半点迷茫；他们的步伐或有力，或轻盈，或沉重，却没有半点漂浮半丝迟滞；他们的语气或和缓，或铿锵，或凝重，却没有半点奴性半寸卑微——他们是列强的人民，是强大国家的公民，所以他们是自豪的，是骄傲的，拥有着与中国人不同的心境。

什么时候中国也能拥有这样的人民，有着像日本一般的现代化设施，有着如同列强一般的强大国防呢？陈天华暗暗叹息。他将《绝命书》挂号寄给了留学生总会干事长杨度，而后来到东京南面的大森湾。

天依旧是阴沉沉的，灰暗的云朵遮蔽了所有的光线，就如同那西方的故国。陈天华望着故乡的方向，回忆着故土的一草一木、一人一事：那老家房前的小溪流啊，今日可还在依旧流淌？那长沙城的巷陌街道啊，如今可是一样繁华？那上海租界内的中国人民啊，如今可是依然被列强欺压，整日劳作而无所得，只能苟延残喘，如同这绝望的时代？

他有感伤，因为他还有很多要做的事情，他要跟着孙中山完成他"驱除鞑虏，恢复中华"的梦想；要随同黄兴发动武装起义，推翻这腐朽的清王朝；他要摇动自己的一杆快笔，写下无数救世的文章，为无数迷茫的人送来光明与希望。

他有不舍，因为他还有很多遗憾与责任，他家是三代单传，老大残疾不可能传宗接代，老二早夭，而自己却以为"匈奴未灭，何以家为"而没有娶妻，自己陈家的血脉就要从此断绝，不亦悲乎；他还没有看到"取缔运动"的结果，他迫切地想要知道中国留学生有着怎样的气节与壮烈，能不能向列强证明自己的团结与尊严；他还没有看到新中国的成立，没能目睹民主共和国的庄严诞生。

他有哀愁，因为他的逝去注定会带来很多不良后果，他的逝去，将给革命宣传带来很大的打击，将极大地削弱宣传阵线的革命力量，给予改良派策动的机会；他的不辞而别将会给孙中山、黄兴等战友带来无尽的思念与追悔，将让他们失去一个挚友与兄弟；他的陨落将会是中国近代第一革命宣传家的绝灭，将是近代中国最大的损失与痛苦。

他感伤，他不舍，他哀愁，但是他没有踌躇。

是的，他不踌躇，他自小就崇敬历史上的仁人志士，坚信"求仁得仁"，读到兴起还会拍案叫绝，此事不过是效仿古人罢了，不值得犹豫；他不踌躇，他崇拜慷慨就义的"戊戌六君子"，他还记得谭嗣同那句"今日中国未闻有因变法而流血者，有之，请自嗣同始"是以根本不存在任何畏惧与恐惧；他不踌躇，他坚信中国留学生的意志需要一针强心针，需要一剂大猛药，需要一记重拳，他要做那最伟大的"警世钟"，震响无数迷茫者的迷梦。

子曰"未知生，焉知死"，陈天华是一个生者，他深深明白生的意义，是以更加知晓死的价值，也就更加懂得他这一死的伟大价值。

死乎，死乎？国之不昌若此，何不蹈死明志，以醒国人？

死也，死也！国之不昌若此，若无必死决心，如何救国？

死哉，死哉！国之不昌若此，今日有人于此，以死救国！

天际忽然掠过一缕金黄，那是天将大明的预兆，而陈天华看了一眼面前的海水，湛蓝、清澈而冰凉，伸鼻一嗅，更是有这咸腥的海的气息。

他一步步地向着深海处走去，脑海中飞速闪过一生的记忆，从小的宏阔志向，少年的奋发求学，青年的激昂壮志，革命时的喜怒哀乐，救国时的坚决无悔，战斗时的一往无前……

海水的压力越来越大，压迫着他的胸腔难以呼吸，平日里最容易不过的喘息在此时竟然显得如此苦难，以至于他的呼吸越发粗重，乃至于成为低沉的咆哮。

四周的海水冰凉，浸润了他所有的肌肤与组织，他感受着身体各处上传来的刺骨与麻木，记忆起了生平的所有悲痛与不解，所有的失败与失落，所有的挫败与丧气，而此刻，这一切的一切都已经不再成为困惑，都只是逝去的过眼烟云。

终于，终于解脱了。

他，竟然在此刻从未有过的释然与洒脱。

去吧，去吧，以死明志，以身许国，这是我最后能为国家所做的事情，这是我能给予我的同胞最大的礼物，这是我最深沉的承诺，是我最后的挽歌！

就在这生命的最后一刻，陈天华抬头，用最后的气力看向了西方天际，远处金光闪耀，光明大作，天色大亮。

那是黎明，黎明！

黎明——就要来了！

后记

当天晚上，同住的中国留学生见到陈天华久久未归，开始怀疑陈天华是否有异常举动。过了很久，留学生会馆派人通知了噩耗——日本警察在海上发现了陈天华的遗体。

次日黎明，宋教仁等人匆忙赶到大森湾畔，瞻仰了陈天华的遗体遗容，随即发现陈天华留给留学生终会总干事长杨度的挂号信收据，于是他们找到了那封《绝命书》。这《绝命书》一经宣读，立刻打动了在场的所有学生，令所有人流下热泪。

当日下午，陈天华愤而投海的消息震动了所有中国留学生，他们随即作出了全体回国的决定，而这一行为立刻震惊了国际舆论。迫于国际舆论和日本政界各党派的互相攻讦，日本当局不得不为"取缔协议"补充了很多条款，作出了不少新解释，还承认了中国留学生提出的一系列正当要求。

在陈天华的家乡湖南，人们得知了陈天华蹈海自杀的消息后群情激奋，义愤填膺，乃至于冒着政府的禁令举行了追悼大会，茬会教师、学生多达两千人。会上，大家公推陈天华好友苏鹏将陈天华的灵柩运回湖南。而与此同时，不久前在"取缔运动"中回国的姚宏业因为创办解决归国学生就读问题的中国公学的工作中阻力重重，也在上海愤而投江自杀。

1906 年，陈、姚二位烈士的灵柩运抵长沙，大家决定将烈士葬于湖南名山岳麓山。而湖南巡抚庞鸿书得知后大为恼怒，不仅不允许将陈天华葬入岳麓山，还到处派遣爪牙到学堂训话，污蔑烈士"大逆不道""回不得家乡，见不得爹娘"。

然而，在烈士的精神感染之下，湖南学生根本不畏惧官府的高压与恐吓。5 月 29 日，长沙各学堂的教师、学生以及群众一万多人分两队前往岳麓山哀悼。送葬学生身着白色制服，高举旗帜、挽联、祭幛，高唱挽歌，朝着岳麓山行军，送葬队伍长达十余里，而从长沙城高处远眺，恍若岳麓山全山缟素，满地纯白！

被这等形势威慑，湖南官府派遣的巡警只能呆立路旁，不

陈天华以及其他革命志士的墓地

敢声张，更有人被场景感染，从此加入革命队伍，成为坚定的革命者。

陈天华死后，他的著作《猛回头》《警世钟》得到进一步传播，被革命党人到处印发，而清政府越是镇压、限制，却越是让人追捧、拥护。而在湖北新军中，混入军队的日知会会员在晚上士兵出勤时将《猛回头》《警世钟》放在士兵枕头上，进行革命宣传。士兵们对于这些书籍如获至宝，很多人都耳熟能详，还有人将《猛回头》的唱段背诵下来，乃至于1911年10月参加武昌起义的新军官兵人手一册，人人都能将陈天华的思想阐述一二！

"长梦千年何日醒，睡乡谁遣警钟鸣"，陈天华在中国人将醒未醒之际敲出黄钟大吕的警世鸣音，为中国革命的胜利立下汗马功劳，注定将要被记载在青史之上，与日月共耀，与天地同辉！

延伸阅读

《论〈湖南官报〉之腐败》（译文版）

报馆，是发表舆论的地方。舆论从何而来？自然是人民心有不平。人民之所以心有不平，心有怨怼，是因为官逼民反，不得不为。是以，舆论是和政府绝不相容的两种东西。既然不相容，那么就一定要发生冲突。于是从事新闻工作的人就会把舆论作为一种监督力量，或者说某事不利于人民的权益，或者说某报馆不能被人民所容，然后政府就心有忌惮，或许能够逐渐改良，以成就大多数人的幸福，这就是报馆的天职。

这种天职，是全国人民托付给报馆的责任。如果放弃了这种天职，就算不上是一个合格的报馆。假如人民把这种高尚无私而崇高伟大的任务交付给了报馆，报馆却要背叛人民、把这种权利献给贪婪污秽的政府，处处唯政府马首是瞻，接受他们的委托而丧尽报馆的天良，反客为主，认贼作父，觍颜把自己的报纸叫作"官报"，把自己叫作"官报馆"，其中的弊端又哪里仅仅能用不好来形容呢？假如这样，那就如同太阿宝剑倒持，就会损伤国民的权利，危害人民的生机，使得中国国家灭亡，万劫不复，这都是报馆的罪过。

我之所以这样说，不是说政府中人人都和人民敌对，事事都与人民作对。从报馆的角度而言，政府应当把报馆视为神圣不可侵犯的圣地，从事新闻工作的人应该像严父对待劣子一样对待政府，丝毫不能有所饶恕，又怎么能和官府沆瀣一气、同流合污呢？以西方国家宪法的周密，分权的严格，仍然把报馆看作对于政府工作的有力补充。拿破仑说："假如有一个反对我的报馆，就好像有四千杆毛瑟枪一般。"舆论的力量可见一斑。而且我国官吏贪婪腐败到极点，专制统治严酷无比，然而各地报馆却没有敢于抨击的，乃至于有了谄媚政府、狼子野心、为虎作伥、视民如寇的《湖南官报》出现在报界。呜呼，怎么会这样呢，怎么会这样呢！

湖南省出现日报这种东西，是从维新变法那一年开始的（当时另有旬报，名叫《湘学新报》，也有他们的宗旨，此处只说日报），熊希龄作为干事，为民流血的浏阳二杰为主笔，有南学会、时务学堂作为机关，一时间议论风发，举国痴狂。那时候，湖南的进步势力极为发达，之所以在庚子国难中有几十名湖南志士献身，就是因为这个报纸的力量。而之所以王先谦、叶德辉、孔宪教等地方保守乡绅蜷缩家里不敢出面，听任爱国志士畅言改革，都是这张报纸的力量。这张报纸风行湖南，全省人民都感到震动，学堂、演说会、不缠足会到处响应，此起彼伏。西洋人把这张报纸称作湖南"狮子吼"，可见那时候《湘报》的势力（至今仍有所谓的《湘报文编》，堪称维新变法的纪念碑）。后来反动派反攻倒算，朝廷发布了封禁各处报馆、捉拿报馆主笔的诏令，俞廉三在湖南厉行禁令，湖南志士都撤走了。

最令人愤怒的是，莘田此人首鼠两端，表面上和熊、谭亲近，然而暗地里却和王先谦、叶德辉等人相交甚密。《湘报》的经费都由莘田管理，一切听从他的分配，结果莘田挪用资金经商，交往官绅。后来《湘报》遭到封禁，莘田心疼他的钱财遭到损失，在俞廉三面前苦苦哀求，被允许用他的铅活字印刷无聊的上谕奏折，名曰《御折备览》。而湖南人刚刚经历大变故，人心动荡不安，是以《御折备览》虽然得到官府允许出售，也没有几个人买，没卖几本就停印了。

王莘田自从政变以后，和王先谦、叶德辉交往更加密切，终日花天酒地，不问其他。不久，庚子国难（1900 年八国联军侵华以及之后的一系列事件）爆发，俞廉三使出他凶残狠毒的手段，每天都要残杀数位爱国志士，这些志士都是在戊戌变法时与王莘田联系密切的人。王莘田自从听说了这件事，惊惶战栗而面无人色。不久，俞廉三对志士的残害和荼毒更加严重，海内外志士想了一个办法拯救龚超，于是伪造了给王莘田的一封长信，信里面好像是讨论国事，请他主持起义军在东南地区的事务，中间还涉及了汤幼安的儿子汤雨苏、叶德辉的弟弟叶默安，这封信被直接递交给了长沙县衙。

长沙县令就是王莘田的哥哥王桐轩，在接到了这封信之后，把他弟弟以谋逆的罪名控诉到俞廉三那里去。俞廉三把王莘田提到公堂，想要用莫须有的罪名治罪，王莘田则抗辩说和王先谦、孔宪教等人关系很好，王、孔二人都是正人君子、地方名流，可以为自己作证。果然，王、孔二人乘坐三人轿子雄赳赳气昂昂地来到巡抚衙门，竭力为王莘田分辩，要求立刻释放王莘田。俞廉三无言以对，只能释放王莘田（湖南顽固缙绅的势力可见一斑），对革命党人的迫害也就停止。

王莘田在遭遇这次打击之后，更加以为《湘报》是祸害的源泉，想要将铅字活版出售出去，既能挽回损失还能驱除不祥。那时候正好有迎合俞廉三的意图的人，觉得以前《湘报》捏造谣言，是因为不由官府控制的缘故，现在为什么不创办一个官方报纸，用来维护人心、顺应维新的潮流？俞廉三觉得这个主意不错，而经手人觉得其中有利可图，承包了王莘田从前印刷《湘报》的活版，开办了一份报纸，名叫《湖南官报》。从此以后，妖魔小丑常本璞、曾庆榜等人就弯曲自己的膝盖，倾注了自己的凉血，呕吐出自己陈腐污秽的心肝，昂昂然作为主笔，这就是湖南报界的源流以及官报出现的历史。

这份所谓官报的刊行，没有宗旨、没有议论、没有新闻，只不过是以电报局的名义来传达"上谕"罢了；然后就是排列奏折，刊印无聊之极而无关紧要的奏折；再次就是记载官场上那些毫无意义的应酬，次之就是记录某官员禀到、某官吏禀办的"辕门钞"，最后就是记载上海等地极落后腐朽的《申报》等报纸的报头评论，每天出一份。在这份报纸出版之前好几天，内容就已经商定安排好了，还要把应该出版的内容交给学务处检查，等到学务处审查删改，还要禀告给巡抚，如果巡抚有事无暇审阅，这报纸就好几天不能发行；一旦审核通过，再发给学务处，学务处才允许报纸发行。辗转之间，今天的报纸报道的却是十几天之前本省无聊无赖的事情，污秽不堪，污人耳目。而湖南省的官僚却仍然觉得这是我湖南省的官报，其他省都没有，是值得称道的。等到报纸卖不出去，官府就勒令各州县分派销售，将它称为"开风气"。而那些凉血动物常本璞、曾庆榜凭借抄写小吏的身份，做着当奴隶的春秋大梦，每个月不过十来竿薪水（此处是虚指），却充当这种毁灭人民权利、损害公民积极性的刽子手，还觍颜告诉别人：我是办报纸的，我是办官报的。咄咄妖孽，竟然到了这种地步！

报纸，是文明的表现，而报纸经由官府办理，这是文明国家从来没有过的现象。文明的国家虽然没有，野蛮的国家却未必没有。现在我们国家既然冒出来了这种野蛮的报纸，那么报纸还能称得上是文明的现象吗？呜呼，这是从广义的定义上来讲，如果从狭窄的定义上来讲，即使那些号称是私人开办的报纸，比如某某报纸（此处未指明），在可以诛杀的行列里的已经不可胜数，何况已经堕落到十八层地狱、没有一丝希望光亮的《湖南官报》呢？我现在有一句话要奉劝从事报纸出版的诸君：在救治中国的前途、唤醒世人的迷梦这方面，报纸的作用是无可替代的，诸君如果承担了这种责任，就应该各尽天职、尽力而为，监督问责国内大大小小无数官吏。如果有祸乱报界，充任报界的卖国贼，毁灭行业价值而阻塞国民耳目的人，就绝对不能和他相容。从前的湖南官吏，我不去追究他们的责任，只追究那些为虎作伥、为官吏效劳的傀儡的责任。如果我日后没有问罪杀人的权力就算了，如果我可以将别人问罪杀掉，不杀死这种官办报纸的奴才，我誓不立于社会！

湖南人，是最有魄力的人。凡事有果必有因，之所以湖南人能在庚子之变中大放异彩，《湘报》厥功至伟。然而近日有了陈腐不堪的官报，依仗行政力量而强制发布，时间长了，耳濡目染，就难免会对社会造成危害，这就是逼着别人在死刑簿上签字啊！呜呼，往日的英雄又在哪里呢？我知道湖南人一定不会就此沉沦。湖南人啊，湖南人啊，你们读到这篇文章心里又是什么感想呢？

《论中国学生同盟会之发起》（译文版）

呜呼，我们中国真是要灭亡了，我们中国真是要灭亡了！不灭亡于顽固保守、冥顽不灵的清政府，不灭亡于贪婪狠毒、暴虐横行的官僚，不灭亡于世界列强的凶残瓜分、利益共沾，不灭亡于社会各界的无知无识、不求科学，我敢作出论断：中国的灭亡，是因为中国的学生。

为什么说学生会灭亡中国呢？原来凡事都有做主的人：孤军困于城中，主帅投降，士卒只能跟着投降；卖出祖宗遗产的人，家长只要画了押，没人去在乎孩子的注意；而中国的学生，不是被举世推崇而视为国家主人的群体吗？

如果中国的学生是中国的主人，那么就应该承担起主人的天职来，不能有半点渎职。在首都之内的中央政府、位于地方的封疆大吏，都不过是被主人雇佣的人罢了，假如他们残暴贪婪，主人就应该扑倒问责。列强，对于主人是原来的恶客罢了，如果客人想要喧宾夺主，主人就应该赶走他们。各级社会，都是主人的兄弟、亲戚，如果他们知识缺乏，主人就应该加以提携点拨。由此而论，举国人民对于亡国的宣告都没有署名的权利，只能唯主人之马首是瞻。主人想要亡国，那么我们国家就灭亡；

主人不想亡国，谁又能灭亡我们国家呢？

今天的学生群体，就是日后国家的主人，身为主人就有不能使我们的国家灭亡的职责。而今天我却说使我们的国家灭亡的反倒是中国的学生。为什么我说的话这么自相矛盾呢？呜呼，只是因为中国学生这个群体不能团结，不能合作，而这就不得不慎重加以考虑，慎重加以考虑啊！

中国有学生这个阶层（与传统的科举士子相对而论），不过是近二十年来的事情罢了。近几年教育发展很快，成就斐然，如果从学生的水平来看，东京留学生的水平最高，其次是南洋、北洋以及湖北浙江等地的大学堂也是人才济济，方兴未艾。比如水陆军、师范、农工业、大学、中学、蒙学、女学、公学、私学等统计来看，也有好几万人。试问这数万人中，有多少人会有所成就，有多少人会大有影响？其中难道没有坚韧不拔而见义勇为，慨然以复兴中国为己任的志士豪杰吗？

然而，这些人出仕任事，多次想做一番事业而多次失败，即使是留学生这样的优秀人才也多有遗憾，何况内地的人才。我说出这种言论，不是说留学生在才能上高出内地学生，而是因为留学生们拥有汹涌澎湃而永无止境的革命热情，受到波澜壮阔的世界大潮影响，绝不是什么"凉血动物"，心中没有国家的概念。然而，内地的学生对于这些事情接触很少，昏昏愤愤，因此不能像留学生一样早早觉悟。

然而，又是什么原因导致学生们迟迟不能建立一番事业呢？

这是由于没有一个完全无缺、颠扑不破的大团体的缘故。要知道，学生们的位置、目的、性质大都相同，即使是这样仍然不能建立一个统一团结的大集体，又何况别的社会阶层呢！近来东京学生有人类馆、台湾馆的争议，政府公使都没有什么反对意见的事情，学生却敢为此努力抗争。东三省问题出现，义勇队的成立，更是足以震动全国！内地比如上海爱国学社的响应，北京大学堂的上书，湖北学生五百人的演说堂（我听闻两湖经正学堂改名为演说堂，梁鼎芬也没什么意见），安徽学生的三百人爱国会，到处意气风发、议论国事，给社会各阶层留下了深刻的印象，不可以说学生们没有势力。然而，我恐怕这些互动终究不能持久，没等到达成目的就消散无踪，那么所谓完全无缺而颠扑不破的大团体最终都成为一张画饼，不能见诸实际了。

蜀地邹容，是东京留学生中的肄业生，他恼怒中国学生团体不能坚持到最后，毅然创立了中国学生同盟会，海内外所有学生都要入会，各省设立总部，各府、县设立分部，权利、义务都分条登载（会章另行刊录）。这样做的目的就是在学生界组成一个庞大的合法团体，以便和危害中国前途的罪人鏖战。呜呼，中国学生同盟会为什么要由邹容一个人发起呢？邹容不过是学生中的一分子罢了。我们中国全体学生听到这件事，情感上是什么感觉呢？我们对于同盟会的责任又如何呢？

学生，是中国的学生。既然明白了这一点，就要想着如何为国家贡献心力。因此，中国的学生不是像外国学生那样的能够在循序渐进中谋求国家富强、人格完美的群体。中国的学生在学习之外还有很多事情要做。所谓有事情要做，就是追求国家的保全和完整罢了。政府虽然顽固，学生却不顽固；官僚虽然狠毒，学生却不狠毒；列强虽然想要瓜分中国，学生却不愿瓜分中国；各个社会阶层虽然没有知识，学生却不是没有知识——那么中国存亡的关键不在学生身上在谁身上呢？如果学生始终不弄明白为什么要结成一个团体，把上学当作求取功名利禄的阶梯，在官场上做一个唯唯诺诺的傀儡，对于自己的使命无动于衷，对于外界的侵略不闻不问，这无异于得到一个奴隶证书！这种人只知道逢迎唯诺，对于拯救国家避之唯恐不及，那么中国很快就要灭亡了。列强既然已经实行瓜分，那么政府官僚或侥幸能够当作小朝廷而为侵略者效劳，各个社会阶层可以作为别人的"顺民"，然而学生们既然具有高尚的人格、复兴中国的学问，又该怎么办呢？这样想来，只有一死罢了。然而，自己一死哪里足够推脱职责呢，自己一死而中国灭亡，那么我们国家的灭亡的确是源于学生。这样说来，我就是不幸言中了！

假如学生能够组织起一个理想的团体，那么中国的前途又当如何呢？那么就可以转入下一句"中国之兴，兴于学生"了。诸君难道没有见到意大利人驱逐梅特涅吗？是谁驱逐的他？是学生驱逐的他！诸君难道没有见到意大利击退德军吗？谁打退的德国人？是学生打退的德国人！假如学生联合起来作为一种势力，无论是内忧外患都可以摧毁廓清，不会有任何困难！俄罗斯学生风潮席卷全国，就算是以沙皇的专制也不得不违心依从，又哪里有身处专政体制之下没有施展才能的舞台的说法呢？

呜呼！英雄造时势，如果一定要等到时势出现才能顺势而为，那么我恐怕现在波兰、印度的人即使想要求学也不可得了！学生啊，学生啊！我现在说国家要灭亡在学生手里，诸君承认了吗？诸君感觉激愤不已吗？如果感觉激愤不已，那么中国同盟会现在成立了，而中国将要兴旺了！中国是复兴还是灭亡，就掌握在你们手里，就掌握在你们手里！

《复湖南同学诸君书》（译文版）

各位同学：

我陈天华等众人以为列强瓜分中国的脚步越加紧迫，中国亡国灭种的结局近在眼前，是以打算用血肉之躯对抗欧美列强，用生命维护国家的独立完整，亲自抵御强大的俄国，为全国人民作出表率。后来俄国人的压迫渐渐和缓，我们将"义勇队"改名为军国民教育会，每天操练军事技能、磨炼体制体魄，以便应对危险，略尽自己作为中国人的义务。

我们本来以为这种自发的救国运动没有什么过错，不应该受到指责，谁知道内地的当权者不体谅我们的苦心，不仅不对我们有任何称许，反而以"多此一举"为名降罪于我们。

这些人就没有想过，学生军成立的初期，我们已经报告了监督、告知了政府，名正言顺，别无他意，一心想着以身报国，完全没有别的心思。然而，现在清政府却以此作为罪名，我想俄国人恐怕是永远也赶不走了吧！要知道，俄国人对于他们的远东义勇舰队，日本人对于他们的抗俄社团都是大加奖励，而中国却反其道而行之，不仅不加以奖励，反而从中阻隔，这又是什么道理？至于体育会，日本到处都是，人人练习体育，中国人到了这里大惊小怪，百思而不得解——我们的政府的见识如此，我们的人民素质如此，实在是值得为此而痛哭流涕啊！

如果诸君觉得小弟我的话不可信，那么就请看一下学生军的章程以及小弟所做的《敬告湖南人》，有一句话与我们的行为不符吗？小弟我签名的时候（指在"死簿"上签字投军），早就已经将生死置之度外，只是因为盘缠不够，未能成行，迁延至久，及至现在，实在抱歉。倘若以后我有机会，一定会回到故乡，进行革命宣传。如果我有什么不测，也不过就是比诸君先走一步，请诸君不要担心。这件事的发起者是江浙人士，湖南人响应寥寥，至于新化县就只有天华一个，别无他人，各位不要担心遭到连累，不要惊疑。

东京此刻异常平静，内地却慌里慌张，风声鹤唳，几乎是草木皆兵，这难道不是咄咄怪事！我刚一听说，难免觉得清政府既可怜又可笑。欧美列强聚集了几十万精兵图谋我国，当权者浑不在意，漠不关心，而不过是几个学生努力救国，政府却大为震动，如临大敌，这帮人对待我们留学生远过于英俄法德为首的欧美列强，我们实在是当不起啊！

然而，假如他们要把我们留学生的举动归于康有为、梁启超一党，那么可就非常失实了！要知道，康有为、梁启超算什么东西？那是我们留学生最轻视最鄙夷的人，我们每天都要痛骂康梁误国，又怎么能把我们归入康梁一党，这是万万不能承受的侮辱！国家要灭亡了，一定会有类似东汉末年的"党锢之祸"，我们不是不愿意承担这种罪名，只是我们实在不愿意被

142

看作康梁一党。假如今天说康有为、梁启超是留学生我们都尚且不愿意接受，何况说我们是康梁一党！康有为、梁启超凭什么这么幸运和我们一党，我们又多么不幸和他们一党！

现在政府密切关注留学生的一举一动而动辄猜疑忌惮，而我们留学生追求的是什么呢？追求富贵吗？那么给予留学生举人、进士功名的上谕已经下达，毕业之后我们每年收入千金问题不大，又怎么会放着安稳差事不做而追求侥幸能得的东西呢？我恐怕就是最笨的人也不会这样做。而我们之所以这样做，是因为保卫国家远比个人的功名富贵更加重要，假如国家得不到保全那么个人的富贵将从哪里取得呢？因此我们应当以保卫国家为第一要义，获取个人功名利禄为第二要义。政府诸君如果能把保全国家放在心上，不把我们国民割让给人，我们又怎么会舍易求难呢？如果朝堂之上的诸公不把国家存亡放在心上，那么我们又怎么心甘情愿做那亡国之民呢？假如对国家灭亡的祸患都不在乎，只是顾忌个人的利益所得的话，不过是欧美列强又多了一个顺民，对清政府又有什么用呢？现在多杀一名爱国志士，那么他日捍卫国家的人就少了一个，这无异于自损手足，对我们志士又有什么呢？我们志士迟早都是要死的，不死在清政府手里，也要死在外敌手里。怎么样都是死，一样的死，又何必选择呢？

天华现在萎靡不振，深怕有所牵连而不立刻死去，给别人留下口实；假如真的有死的那一天，那就是小弟我的万幸。诸君应该为我感到荣幸，又何必悲哀呢?

　　我与诸君彼此相隔海天万里，各自保重。诸君还要保留自己的有用之身，以承担他日的艰难事务，这是我最深刻的期盼。书不尽言，还请珍重，天华写。

陈天华年谱

1875 年　出生

陈天华，原名显宿，字星台，亦字过庭，别号思黄，出生于湖南新化县知方团（今荣华乡栗树凤阳坪），父亲陈善。

1879 年　5 岁

陈天华跟随父亲启蒙。

1883 年　9 岁

陈天华年少聪颖，已经能熟读《左传》，常向人借阅史籍之类的书籍，尤其喜欢读传奇小说和民间说唱弹词。

1884 年　10 岁

陈天华母亲去世。

1895 年　21 岁

因生计所迫，陈天华跟随年近七十的父亲陈善到新化县城谋生，在资江书院借住。陈天华以提篮叫卖为生。

1896 年　22 岁

经族人周济，陈天华得以进入新化资江书院读书。

1898 年　24 岁

陈天华入新化实学堂学习，深受维新思想影响，倡办不缠足会，成为变法运动的拥护者。新化实学堂是新化县的开明士绅仿照湖南巡抚陈宝箴建立的时务学堂，建起的提倡新学的新式学堂。

1900 年　26 岁

陈天华得到了贵州张氏的资助，得以前往长沙岳麓书院游学，成绩名列前茅。不到半年，父亲陈善不幸去世。

1901 年　27 岁

陈天华转入求实书院求学。

1903 年　29 岁

年初，入省城师范馆学习，因成绩突出获得官费留学日本东京弘文学院师范科的机会。

3月27日，抵达东京，入学。后参与组织"拒俄义勇队"和"军国民教育会"。先后撰写《猛回头》和《警世钟》两书，以强烈的爱国精神和革命勇气，揭露帝国主义列强瓜分中国已迫在眉睫，指出清朝政府已成为"洋人的朝廷"，在社会上产生强烈反响。

冬，陈天华回国策划起义。11月4日，他和刘揆一、宋教仁、杨毓麟等以庆贺黄兴三十岁生日为名，举行秘密会议，决定组织革命团体——华兴会。

1904年　30岁

2月15日，陈天华同黄兴、宋教仁等人借着"除夕宴饮"的名义在长沙创立革命团体华兴会，并到江西策动军队起义。不久，因清政府搜捕，他不得不再次东渡日本 。

3月，陈天华到达日本后，入法政大学就读。

8月，陈年华冒险回国，准备参加华兴会发动的长沙起义。因事泄失败，又去日本。

1905年　31岁

6月，陈天华与宋教仁等创办《二十世纪之支那》杂志。

7月，孙中山到日本，主张联合各革命团体，组织中国同盟会，陈天华积极赞成。

8 月，中国同盟会成立，他任秘书，并被推为会章起草人之一。《二十世纪之支那》改为同盟会的机关报《民报》后，他在《民报》上先后发表不少文章和政治小说《狮子吼》。

11 月，在清政府的要求下，日本文部省颁布歧视并限制中国留学生的《清国留学生取缔规则》。

12 月 8 日，陈天华在日本东京大森海湾蹈海自杀，抗议《取缔清国留日学生规则》，唤醒同胞，年仅 31 岁。